다치지 않고 행복할 권리
소통의 심리학 NLP

다치지 않고 행복할 권리

소통의 심리학 NLP

조석제 지음

가림출판사

내가 한국에서 NLP 심리학을 처음으로 강의하던 23년 전 초창기부터 함께한 제자로서, 한국 NLP 상담학회가 발족한 2000년부터 한국 NLP 상담학회 이사와 부회장 등을 역임하며 오랫동안 내 옆에서 연구활동과 학회운영을 위하여 헌신했던 조석제 박사가 《다치지 않고 행복할 권리》라는 책을 출간하게 됨을 진심으로 축하드립니다.

이 책은 저자인 조석제 박사가 여러 해 동안 〈교육평론〉이라는 잡지에 칼럼 형식으로 게재하였던 내용을 중심으로, NLP 심리학을 학교 현장과 상담에 종사하시는 분들, 그리고 상담에 관심이 있거나 마음에 아픔을 가지고 있는 분들에게 비교적 쉽게 마음공부를 할 수 있도록 만들어진 책으로, NLP 심리학을 기반으로 하여 마음 치유에 초점을 맞춘 NLP 심리학에 관한 교양서적입니다.

특히 조석제 박사는 오랜 기간 학교 현장에서 학생 및 학부모 상담을 통하여 임상경험을 하였고, 지금은 한국청소년다문화협회 상담센터에서 다문화청소년과 학부모 상담을 통하여 마음 치유에 온

힘을 다하여 실천하고 공부하고 연구하는 NLP 상담전문가로 활동하고 있습니다.

무엇보다 NLP 심리학은 우리의 오감이라는 감각기관의 주관적 경험을 통하여 내면의 자아와 통합된 우뇌 심리학이라고 할 수 있고, 동시에 무의식을 다루고 있어서 의식보다 20만 배나 강한 무의식의 힘으로 우리의 몸과 마음을 긍정적 변화로 이끌어 주는 탁월한 효과를 가진 심리학입니다. NLP 심리학은 특히 우뇌에 중점적으로 많은 관심과 역할을 두고 있습니다. 우리 뇌는 현실과 상상을 구분하지 않으며, 긍정적일 때 활성화되어 자신의 상처난 마음을 획기적으로 빠른 시간 내에 치유할 수 있는 특징을 가지고 있습니다.

우리 한국 사회도 정신건강과 마음건강에 대한 관심이 높아지고 있는 상황입니다. 우울증과 공황장애 그리고 자살문제가 사회적 문제로 대두되는 이때에 이 책이 우리의 힘든 마음을 시원하고 명쾌하게 해결해 주는 마중물 역할을 할 것으로 기대합니다.

한국 NLP 아카데미 원장 전경숙 박사

상담相談은 상相(인간관계)과 담談(커뮤니케이션)의 합성어입니다.

태초의 에덴동산부터 있어 온 현상으로 2700년 전에 기록된 성경(사9:6)에서도 'Wonderful Counselor'(기묘자, 모사, 책사)란 단어가 나오기 때문입니다. 상담에서의 대화는 로고스logos(논리적 대화, 15퍼센트 효과), 파토스pathos(공감적 대화, 25퍼센트 효과)보다도 에토스ethos(인품 자체의 감화력, 60퍼센트 효과)로 이루어집니다.

조석제 박사님은 에토스, 즉 '자신의 인품이 뛰어난 분'으로 미덥고, 부드럽고, 밝은 분위기로 인해 만나는 것만으로도 상담의 긍정적 효과가 나타납니다. 만남의 축복을 나누어 주는 타고난 카운슬러로, 항상 만남의 축복을 공급하는 분입니다. 그만큼 전문가로서의 훈련과 연구가 꾸준히 있었기 때문에 가능할 것입니다.

나는 한국교육자선교회와 한국상담학회 및 한국카운슬러협회 활동에서 조석제 박사님과 만나 함께 일하고, 교제해왔습니다. 항상 기쁜 마음으로 유익한 성과를 낼 수 있도록 도와주었고, 함께 일하는 사람들에게 좋은 에너지를 주는 분이셨습니다. 정의여고 교장을 역임했고, 학교 상담전문가와 한국 NLP 상담학회 회장 및 한국

다문화청소년협회 상담센터 소장으로 다양하게 활동하고 있는 현역 전문 상담자입니다.

시간과 공간의 제한을 넘어 그동안의 상담 경험과 사례를 더 많은 사람들과 나누고자 《다치지 않고 행복할 권리》를 출간하였습니다. 우리나라 국민들의 행복지수를 높여주고, 상담 시 도움을 원하는 사람들에게 간접적인 상담조력자 역할을 할 수 있으리라 믿습니다.

저도 항상 이 책을 가까이 두고 정독을 하면서 많은 도움을 얻을 생각입니다. 많은 분들에게 이 책의 일독을 권합니다.

전 한남대힉교 총장 김형태

이 책은 그동안의 임상경험을 바탕으로 조석제 박사가 NLP 이론과 기술에 대해 소개한 소중한 저서입니다. '이 하늘 아래 새로운 것은 없다'가 말해주듯이 NLP(신경 언어학 프로그래밍)는 새로운 심리학 이론이나 학설은 아닙니다. 신경 언어학 프로그래밍은 게슈탈트 심리학, 경험주의 가족 심리학, 역동 심리학 등이 혼합된 퓨전 심리학에 바탕을 두고 태어난 산물입니다. 여러 심리학의 장점이 모아진 통합적인 심리치료 모델이라고 할 수 있습니다.

신경 언어학 프로그래밍은 '부분의 합은 전체와 다르다'를 강조하는 게슈탈트 치료의 창시자 프리츠 펄스, 경험적 가족치료 전문가 버지니아 사티어, 그리고 최면술을 이용하여 무의식의 세계를 치료에 활용한 밀턴 에릭슨을 모델로 하여 상담과 심리치료의 원리와 기술을 체계화한 접근 방법으로, 다른 상담이론에 비하여 통합적이고 실용적인 심리치료 방법이라고 할 수 있습니다.

미국에서 1960년대 이후 발표되고 활용되는 상담이론이 200여 개나 되고 상담전문가들이 인정하고 사용하는 상담기술이 400개나 된다고 할 만큼 상담과 심리치료 이론과 기술이 크게 발달해 왔습니다. 경험적으로 효과가 있는 검증된 상담기술이 임상 현장에서 뿐만 아니라, 미국 상담학회에서도 환영받고 있는 것이 현실입니다. 그런 측면에서 신경 언어학 프로그래밍은 출발부터 절충적이며 통합적인 것으로 시대를 앞서 내다 보았다고 할 수 있습니다.

이번에 《다치지 않고 행복할 권리》를 집필한 조석제 박사는 중등학교 교육 현장에서 학생 생활지도와 상담에 헌신적이던 훌륭한 교사였고, 인간 사랑과 인성교육에 전념하던 교육자였습니다. 상담 관련 학회활동을 함께 하면서 뜻이 통하는 교육가족 중의 한 분으로, 상담과 심리치료를 전공하여 박사학위를 마친 조석제 박사는 한국카운슬러협회 등에서 동지로 일해온 귀한 교육자이십니다.

우리나라 대학에서 상담을 공부하는 학생들에게 소개하는 상담 이론서에는 NLP가 너무 간단히 소개되어 있거나 빠져있어서 늘 아쉽게 생각했었는데, 이번에 저자가 현장에서의 상담 경험을 바탕으로 미국과 한국에서 연수받은 NLP를 자세하게 한 권의 책으로 집필하게 된 것을 진심으로 축하드립니다. 임상 장면이나 학교에서 내담자의 어려움을 조력하고자 노력하는 모든 상담교사나 상담전문가들에게 실용적인 안내서가 될 것으로 믿고 추천드립니다.

전 연세대학교 교육학과 교수 연문희

오랜 시간을 학교에서 청소년들에게 가르침을 베풀면서 그들과 따뜻한 상호작용을 하시고, 정의여자고등학교에서 교장 선생님을 역임하면서 보여주신 섬기는 리더십을 통해 교육행정가로서도 남다른 면모를 보여주신 분이 집필한 책이라서 더욱 관심과 애정이 갑니다.

더구나 '한국 NLP 상담학회' 회장을 역임하신 분이 NLP 심리학을 소개하고 있어서 친근함뿐만 아니라 전문적인 면에서도 의심할 여지가 없다고 생각합니다.

1970년대 미국에서 시작된 NLP 심리학이 우리나라에 소개된 것은 1990년대입니다. 그 이후 많은 분들이 관심을 가지고 연구와 실천을 거듭하면서 드디어 2003년 한국상담학회 산하학회로 자리잡게 되었습니다.

저는 조석제 박사님과 한국카운슬러협회 활동을 하면서 인연을 맺게 되었습니다. 매사에 성실하시면서도 겸손하신 모습에 닮고 싶은 점이 많다는 생각을 하면서 여러 해를 함께 하고 있습니다.

NLP 심리학에 관심을 가지고 있는 상담학전공 대학원생, 청소년 교육과 생활지도에 애쓰고 계신 선생님, 상담현장에서 일하고 계신 상담전문가들에게 이 책은 새로운 지평을 열어줄 것으로 기대합니다.

좋은 책을 세상에 선보여 주신 조석제 박사님의 수고에 진심으로 감사한 마음을 전하고, 이 책을 읽는 독자분들에게도 큰 도움이 되기를 소망합니다.

숙명여자대학교 교육학부 교수 김봉환

'사람의 숙명은 외로움과 만남입니다. 그러므로 성공적인 삶은 외로움과 만남을 지혜롭게 하는데 있다고 할 수 있습니다. 석가와 예수는 외로움은 기도에, 만남은 가르침에 있었습니다. 외로움을 잘못쓰고 만남을 잘못하면 삶을 그르치는 일임이 틀림없습니다.'

다석 류영모의 글을 떠올려 봅니다. 외로움이 없다면 어찌 인간이라 할 수 있을까요? 우리는 살아가면서 누구나 절대고독의 시간을 가지게 됩니다. 하지만 그 절대고독의 시간이 배움의 시간으로 거듭날 수 있는 것은 든든한 연대가 있기 때문입니다.

저는 10여 년간의 직장생활 중 박사학위 과정과 동시에 NLP 트레이너 자격 취득을 위해 새로운 도전을 했던 기억이 있습니다. 안전한 공간에서 망망대해에 떠 있는 기분. 하지만 수많은 외적 도전에도 나름대로 흔들림 없이 센터링centering을 하며 나아갈 수 있었던 것은 NLP가 역할이 컸습니다. NLP는 단순히 자기계발이나 의사소통 능력을 향상시키는 정도의 도구가 아니라 우리의 영육을 길러내는 아름다운 신의 손짓이라 할 만큼 큰 힘이 있습니다. NLP 덕분에 지금의 제가 존재합니다. 또한 이 못지 않게 큰 힘이 된 것은 언제나 연결되어 있음을 느끼는 연대감입니다.

　저자 조석제 박사님은 20여 년 전 함께 NLP를 수학하며 공부한
도반이십니다. 고등학교 교장 선생님으로 봉사하신 후 퇴직하셨지
만, 저와 함께 공부할 때는 40대 부장교사 시절이었습니다. 평생을
여고에서 제자육성에 힘쓰시면서도 자신이 스스로 모델이 되겠다
는 일념으로 짧지 않은 NLP 훈련시간을 성심으로 참여하는 모습을
보았던 사람으로서, 멋진 존재감을 지닌 분이 참 좋은 도구에 대한
이야기를 쓰셨다는 소식에 얼마나 기쁜지 모릅니다.

　NLP 기법이나 철학적 배경 등은 전문가 훈련을 통해 습득할 수
있겠지만, 이 책을 읽고 계신 독자들께서는 모델링되는 분에게 진정
으로 도움을 줄 수 있는 보석같은 도구에 대한 이야기를 접하실 수
있으리라 기대합니다. 아무쪼록 참된 독서를 통해 저자의 오랜 교
육자로서의 경험을 NLP를 통해 즐기셨으면 합니다.

아주대학교 교수, 전 NLP 상담학회 회장 이성엽

1997년 어느 여름날 사랑하는 제자가 하늘의 별이 되었습니다. 그 제자로 인해 사람의 생명에 대해 새로운 깨달음을 얻었습니다.

어떤 사람들은 질병을 앓다가 죽고, 어떤 사람들은 스스로 목숨을 끊기도 하는 궁극적인 이유는 무엇일까요? 고등학교 교사로 시작하여 학교의 경영자인 교장을 할 때까지 끊임없이 나 자신을 움직인 중요한 요소에는 우리의 생명과 마음이 많이 밀접해있다는 생각이 들었습니다. 마음의 병은 스트레스에서 출발하여 결국 암에 이르는 과정임을 여러 생명과학 책을 통하여 터득하면서, 많은 시간을 마음공부에 투자하게 되었습니다.

학교 현장은 실제 심리상담의 보고였고 황금어장이었습니다. 그래서 상담심리를 새롭게 공부하게 되었습니다. 그 와중에 통합적인 NLP 심리학이라는 학문을 우리나라에 처음으로 소개하신 전경숙 교수님을 통하여 본격적으로 상담과 심리치료를 배우게 되었습니다. 그런 과정 속에 학교 현장에서 임상경험을 하는 일들이 계속되었습니다.

상담을 할수록 부족함이 느껴져 학회활동을 통하여 더 큰 도전을 하게 되었고, 2023년에는 마지막 자격증인 NLP 마스터 트레이너Master Trainer 자격을 캘리포니아 주립대학교 산타크루즈UCSC의 NLPU에서 취득하면서 앞으로 상담의 완성도를 높여 가는 도전을 하게 되었습니다.

이 책은 지난 5년간 〈교육평론〉이라는 잡지에 기고했던 글들을 편집하여 상담과 심리학에 관심있는 학생들과 일반인들을 위해 비교적 쉽게 다시 정리하였습니다. 오늘날 마음을 다쳐서 행복을 놓치고 있는 많은 이들에게 이 책을 권하고 싶습니다. NLP(신경 언어학 프로그래밍) 심리학은 통합적 심리학으로 이 속에는 여러 이론들이 녹아 있어서 인간의 마음구조를 이해힘과 동시에 새로운 신념으로 가치관과 행동의 변화를 통하여 탁월한 인생을 만들어 가는 미래지향적인 심리학입니다.

NLP 심리학은 1970년대 미국 캘리포니아 주립대학교 산타크루즈 캠퍼스에서 리차드 밴들러와 존 그린더에 의해 창시된 것으로, 지난 40년 동안 획기적인 발전을 거듭해 오면서 심리치료와 코칭, 의료, 스포츠, 목회활동 등 우리 생활 전반에 걸쳐 행동기반인 무의식을 다루는 즉 우뇌를 다루는 우뇌 심리학이라고 할 수 있습니다.
좌뇌 중심의 삶에서 우뇌 중심의 무의식적 경험을 다루는 심리학으로 매우 빠른 변화와 효과를 지향하고 있습니다.
많은 부족함을 안고 출발했지만, 스승님이신 전경숙 교수님을 비롯하여 연문희 교수님, 김형태 총장님, 김봉환 교수님, 이성엽 교수님의 애정어린 격려의 말씀에 깊은 감사를 드립니다.

이 책이 나오기까지 많은 도움과 헌신을 하신 분들의 이름을 늘 기억하겠습니다. 출판을 격려해 주신 교육평론 이창호 사장님과 어려운 상황에서도 묵묵히 기다려주시고 도와주신 가림출판사 강선희 사장님과 직원분들, 허필선 작가님, 그리고 NLP 심리학의 자랑스런 제자 황다미자, 주명희, 김은미, 양승자, 김규림 선생님의 헌신과 봉사 그리고 든든하고 소중한 후원자인 죽마고우 김승길 선생님께 감사드립니다. 늘 저의 상담과 배움의 여정에 말없이 지켜보며 깊이 헌신해 온 아내 이남현 권사와 사랑하는 자녀 연정, 연빈, 주현이에게도 감사의 마음을 전하고 싶습니다.

종로 다문화 상담실에서 조석제

Contents

제5장 **행복 방정식**

다치지 않고
행복할 권리

마음을 탐구합니다

1

탁월함에 이르는 길

마음의 변화가 삶의 변화로

NLP(신경 언어학 프로그래밍)는 새로운 심리학 이론이나 학설이 아닙니다. 인간의 우수성을 창출하는 마음을 다루는 기술에 관한 연구입니다. 이것은 '인간이 어떻게 탁월한 성취를 이룰 수 있으며, 어떻게 마음의 변화를 만들어 내는가'를 배우고 연구하는 새로운 심리치료의 접근 방법입니다. 이 접근법에서는 생각과 사고가 어떻게 감정을 유발하여 행동하게 하는지, 또 어떻게 유지하고 지속시키는지가 중요한 포인트입니다.

NLP 심리학의 출발은 생활 속에서 일어나는 기억이나 경험의 기능과 여러 문제와 제동 방법, 그리고 결과의 차이를 만드는 이유, 성공적 문제해결 방법, 행복하게 사는 방법 등 무엇이 인간의 삶을 다르게 만드는지에 대한 의문에서 시작합니다. '인간의 기억이나 경험은 무엇이며, 어떻게 기능하는가? 생활 속에서 일어나는 여러 가지 문제나 걸림돌은 어떻게 일어나며, 무엇이 결과를 다르게 만드는가? 성공적으로 문제를 해결하고 우수한 결과를 만들어 행복하게 사는 비결은 무엇이며, 인간의 삶을 다르게 만드는 것이 무엇인가? 에 대한 의문을 가지고 출발한 심리학입니다.

무엇보다도 NLP 심리학이 변화의 방법으로 채택한 것은 모델링 modeling입니다. 이는 NLP 심리치료의 지도 원칙이기도 합니다. 모델링은 특별한 방법을 통해, 심리적 경험을 훈련하여 마음의 문제를 해결하고, 불안을 감소시키고, 관계를 개선하는 능력을 갖출 수 있도록 도와줍니다.

NLP 심리학의 탄생

NLP 심리학은 정보전문가인 리처드 밴들러와 언어학 교수인 존 그린더가 1976년 개발한 심리치료 기술입니다. 이들은 훌륭한 업적을 남기는 성취가들이 뇌를 어떻게 사용했는지를 발견하는데 주력했고, 당시 세계적으로 명성이 높은 심리치료 전문가들을 연구하기 시작하였습니다.

게다가, 이들은 많은 사람들의 삶을 변화시키기도 하였고, 그들 중 일부는 대표적인 심리치료 전문가로 자리 잡았습니다. 프리츠 펄스는 미국의 게슈탈트 심리치료의 창시자로, 버지니아 사티어는 가족치료로 유명하며, 밀턴 에릭슨은 세계적으로 유명한 정신과 의사이자 내면심리치료 전문가가 되었습니다. 이 전문가들은 각자 다른 방법으로 인간의 심리치료에 접근했지만, 기본적인 생각이나 느낌, 행동 또는 신념에 있어서 놀라울 정도로 공통된 패턴이 있다는 것을 발견했습니다.

리차드 밴들러와 존 그린더는 이러한 기본적인 심리치료 모델을 기반으로, 인간의 우수성을 개발하는 모델로 만들었습니다. 이들은 심리치료 전문가들이 어떻게 생각하고, 무엇을 듣고, 보고, 느끼며, 어떤 행동을 하는지 단계적으로 분석하고, 이를 분류하여 다른 사람들에게 훈련시켜 탁월한 심리치료 효과를 얻을 수 있도록 하였습니다.

결과적으로 NLP 심리학은 소프트웨어를 만드는 것과 같이 뇌에 긍정적인 변화를 일으켜 신념의 변화를 가져오는 심리치료를 가능하게 합니다.

상담에 있어서 NLP 심리치료의 방법

NLP 심리학은 놀라운 효과를 보여 사람들에게 많은 이점을 제공했습니다. NLP를 통해 사람들은 원하는 경험을 선택할 수 있고, 공황발작이나 불안감을 쉽게 해결할 수 있으며, 삶의 갈등이나 문제를 짧은 시간에 해결할 수 있게 되었습니다. 뿐만 아니라, NLP는 신체적인 알레르기 반응을 없앨 수 있고, 자긍심과 자존감의 변화도 가능하게 합니다. NLP 훈련을 받으면 남을 돕는 마음의 기술을 배울 뿐 아니라 자신의 감정과 정서를 다스리는 방법도 습득할 수 있습니다.

이러한 NLP 심리학은 국제적으로도 인정받았습니다. 미국의 〈타임〉지는 1983년에 NLP가 사람의 갈등을 해결하는데 무한한 가능성을 가지고 있다고 평가하였고, 〈사이언스 다이제스트〉잡지는 NLP를 '1960년대 이래에 일어난 모든 인간 커뮤니케이션을 종합한 소중한 지식'이라고 평가했습니다. 또한 유명한 심리학자인 노르만 빈센트 필 박사는 NLP를 '행동과 생각을 재프로그램 시키는데 독특하고 새로운 심리치료 방법'이라고 칭했습니다. 이러한 평가들은 NLP가 심리학 분야에서 혁신적인 기술로 인정받고 있음을 보여줍니다.

NLP 심리학은 간단하게 실험해 볼 수도 있습니다. 먼저 모든 것을 중단하고 편안하고 차분한 마음으로 앉아 생각만 해도 기분이 좋아지는 즐거운 경험을 떠올려 봅니다. 이 경험에서 느꼈던 감정을 생생하게 상기시켜 보면서, 그림, 소리, 느낌, 영상 등을 마음속으로 더 가까이 끌어와서 맑고 밝은 마음속 그림으로 그려 봅니다. 그리고 그 경험이 어떻게 달라지는지 마음속으로 의식해 봅니다.

다음으로 같은 그림을 더 멀리, 더 작게, 희미하게 만들어 보면서 마음속의 경험이 어떻게 달라지는지 의식해 봅니다. 마지막으로 경험을 원래의 상태로 돌려놓고 이리저리 움직여 보면서, 어떤 느낌이 드는지, 그림을 어떻게 그렸을 때 더 강력한 느낌이 드는지 생각해 봅니다. 이때 거리와 위치를 멀리 떨어지게 하면 더 약한 감정의 경험이 일어나는 것을 알 수 있을 것입니다.

이러한 심리적인 경험을 유익하게 사용할 수 있다는 것을 배울 수 있습니다. 만일 긍정적인 감정을 강력하게 가지려면 그 마음속의 영상을 가까이 가져올 수 있고, 색상을 선명하게 볼 수 있다는 장점이 있습니다. 고통스럽고 괴로웠던 경험은 멀리 보내고 색상을 희미하게 만들면 고통도 약해지고, 갈등도 희미해질 것입니다. 우리가 삶의 장면과 상담의 장면을 이런 방법으로 다스릴 수 있다면, 3차원적 인지가 가능해지며, 문제해결 능력이 생기고, 부정적인 경험을 약화시키는 능력을 개발할 수 있습니다. 긍정적인 기억은 더 가까이에 끌어와 뇌에 세워 원하는 감정을 가지는 심리적 기술을 배울 수 있습니다.

우리는 어려운 일을 당했을 때 '걱정하지 마' 또는 '그런 일은 생각하지 마'라는 위로의 말을 할 때가 있습니다. 하지만 '걱정거리가 있는 상황을 어떻게 생각하지 않을 수 있을까? 그렇다면 생각하지 않기 위해서 뇌는 무엇을 할까?' 최근 발표에 의하면 생각하지 않기 위해서는 또다시 생각을 하게 된다는 것이 신경과학자들의 발견입니다.

종종 교사나 부모들은 '하지 마'라는 말로 아이들을 교육하는데, 이것은 뇌가 할 수 없는 것을 강요하는 것이라 아무런 도움이 되지 않습니다. '더 이상 생각하지 말자'라고 다짐하면서 다시 생각하게 함으로써 뇌에게 이중 부담을 주는 것입니다.

NLP 심리치료의 원리

세상과 접속하며 경험을 하는 기능적 통로는 감각기관(시각, 청각, 촉각, 후각, 미각)입니다. 심리적 경험은 생리적이며 정서를 동반합니다. 또한 정서는 지각과 인지 과정에 밀접하게 연결되어 있습니다.

경험을 통해 마음의 구조를 변화시킴으로써 주관적 경험을 변화시킬 수 있습니다. 사람은 자극으로 인해 외부 정보를 인지하고 내적으로 진행하여 외부와 교환하면 행동이 되고 관계를 형성하며, 삶의 형태로 나타나고, 생각과 감정, 신념과 태도로 표현합니다. 이러한 이유로 이론을 다루는 것보다는 사람을 변화시키며 원하는 것을 할 수 있게 하는 심리적 기술이 더 중요합니다.

감정은 발생한 사건이 아니라 사건을 해석한 결과물이라고 할 수 있습니다. 경험은 다양한 감각 채널을 통해 이루어질 수 있으며, 시각, 청각, 촉각, 후각, 미각 등을 통해 정보를 받아들입니다. 또한 호흡패턴, 피부색, 눈동자의 움직임 등과 같은 생리적 변화는 인간의 비언어적인 의식 밖의 행동으로, 내담자의 내적 경험을 이해하는데 더 순수한 자료로 활용될 수 있습니다. 이에 비해 말로 표현되는 언어는 자신의 표현에 필터링이 적용된 결과물일 수 있기 때문에 내담자의 언어로 전달되는 이야기에 집중하는 것보다는, 내담자가 그 자리에서 경험하는 신체 생리적 변화에 주목하는 것이 더 중요합니다. 따라서 상담이나 심리치료 과정에서는 내담자의 내적 경험의 표상이 언어보다 더 중요하다고 할 수 있습니다.

NLP 심리학 치료의 전제 요건

앞에서 언급한 내용은 다소 생소할 수 있지만, 융합적인 심리학으로서 단기 상담에서 굉장한 효과를 볼 수 있다는 것이 중요합니다. 특히, 내면의 변화가 눈동자에 나타나는 것을 아주 중요시하는 심리학에서는 '빔어'라는 용어를 사용합니다. 이는 마치 상대방의 얼굴과 행동을 보면 말하지 않아도 현재의 감정 상태를 알아차릴 수 있는 것과 같습니다.

또한 NLP 심리학에서는 심리적 전제 요건 몇 가지를 중요하게 생각합니다. 다음은 상담 시 중요한 심리적 전제 요건을 정리한 것입니다. 항상 고려하여 상담과 심리치료를 진행해야 합니다.

상담 시 중요사항

- 모든 행동은 내적인 변화에 대한 정보입니다.
- 문제가 있다는 것은 찬스가 있다는 것입니다.
- 제한을 느끼는 것은 가능성을 알려주는 것입니다.
- 모른다는 것은 정보를 얻을 금광입니다.
- 감정의 경험은 구조가 있습니다. 구조가 바뀌면 경험도 바꿀 수 있습니다.
- 복잡한 행동은 자르고 조각을 내어 보면 최선의 배움이 됩니다.

2

마음 치유 탐구하기

NLP란 무엇인가?

NLP Neuro Linguistic Programing 심리학은 인간의 성취와 변화를 위한 이론 및 심리치료 기법입니다. 인간의 우수성을 발현하기 위한 기술에 관한 연구이고, 인간의 탁월한 성취를 하는 패턴에 관한 연구를 하여 조직적 패턴 혹은 일련의 과정을 모델링하는 것을 말합니다.

NLP는 'Neuro(신경)' 'Linguistic(언어)' 'Programming(프로그래밍)'의 세 단어에서 유래했습니다. N Neuro 은 신경을 의미합니다. 인간은 시각, 청각, 촉각, 미각, 후각을 통해 받아들인 정보를 신경과정을 통해 처리하며, 그것이 의식적이든 무의식적이든 모든 경험의 기초가 됩니다. L^{Linguistic}은 언어를 의미합니다. 인간의 생각과 감정은 언어의 영역에서 구성되며, 의사소통 과정에서 부호화되고 의미가 부여됩니다. P^{Programming}는 프로그래밍을 의미합니다. 인간의 마음은 목표달성을 위해 체계적인 신경과정이 작용하는데, 이것은 컴퓨터와 유사합니다. 따라서 인간은 이러한 신경과정을 조직화하여 목적에 부합하게 활용할 수 있다는 의미입니다. 프로그래밍의 특징을 요약하면 다음과 같습니다.

프로그래밍의 특징

- 마음을 움직이는 기술 즉 마음의 연금술이라 할 수 있습니다.
- 뇌 사용자 특히 우뇌 사용법이라고 할 수 있습니다.
- 자신의 미래를 창조하는 기술입니다.
- 성공한 사람들의 비밀입니다.
- 주관적 경험의 구조에 관한 연구입니다.
- 자신의 현실을 이해하는 기술입니다.
- 모든 영역에서 성과를 내는 기술입니다.
- 성실하게 타인에게 영향을 미치는 기술입니다.
- 커뮤니케이션의 기술과 과학입니다 : 자신, 타인, 환경
- 심리학은 행복의 방정식입니다.

NLP 심리학은 성공적인 삶을 이루기 위한 심리적 기술입니다. 마인드맵의 창시자인 토니 부잔은 뇌 활동을 좌뇌와 우뇌의 활동으로 설명합니다. 마인드맵을 그리면 뇌의 활동과 유사하여 조직적으

로 정보를 정리하고 재생할 수 있다고 설명합니다. NLP 심리학은 현재의 상태에서 원하는 상태로 넘어가기 위한 자원을 개발하는 것입니다. 이를 통해 현재의 문제상태를 명확하게 파악하여 신속한 문제해결을 함으로써 설정한 목표를 달성하는 데 도움을 줍니다.

NLP 심리학의 10가지 특징

NLP 심리학의 특징을 10가지로 정리해봤습니다. 이 특징들을 이해하는 것은 우리가 NLP 심리학을 실생활에서 어떻게 적용할 수 있는지 알아보는데 도움이 될 것입니다.

① NLP 심리학은 원하는 결과outcome 중심으로 성취를 위해서 자신의 자원을 개발하는 심리프로그램입니다.

② NLP 심리학은 인간의 탁월함에 대한 연구입니다. 최고의 경험을 통해 자신의 힘을 최대한 발휘하도록 능력을 키워줌으로써 삶을 지혜롭게 살도록 변화시켜 줍니다. 또한 자신의 실생활뿐만 아니라 업무에도 쉽게 적용할 수 있습니다.

③ NLP 심리학은 자기 변화를 실현하기 위한 실용적인 접근 방법입니다. 이론보다도 개인의 태도 및 행동을 변화시키는 구체적이고 실제적인 접근 방법을 다룹니다.

④ NLP 심리학은 뇌에 대한 과학적 접근 방법입니다. 즉, 인간은

오감의 신경을 통해 세상이라는 정보를 받아들이며, 언어와 비언어로 뇌 속에 의미가 부여되어 저장됩니다. 이를 통해 세계와 환경을 이해하고 체험을 기억하고 재생하며 새로운 상황에 대응합니다. 즉, 인간 행동은 신경과 언어에 의해 프로그래밍되어 있다는 의미입니다.

⑤ NLP 심리학은 학습과 기억에 기초한 효과적인 접근 방법입니다. 구체적으로 말하면 자극과 반응, 강화와 학습 및 조건화의 삼각이론보다는 학습에 가까운 심리학이라고 할 수 있습니다.

⑥ NLP 심리학은 과거보다 현재와 미래에 관심이 있습니다. NLP 심리학은 즉각적이고 강력한 적용 효과를 나타냅니다.

⑦ NLP 심리학은 새로운 것을 배우기 위해 혼란과 무질서를 경험합니다. 이는 새로운 환경이나 목표에 대한 적응을 돕기 위함입니다.

⑧ NLP 심리학은 각 개인이 자신의 수준에 맞게 대화를 할 수 있도록 합니다.

⑨ NLP 심리학은 정신 역동적입니다. 행동적 프로그램 간의 갈등을 해결하고 내적 진행이나 분야 간의 상호작용을 중시합니다.

⑩ NLP 심리학은 각 개인이 자신의 행동을 변화시키려는 능력을 키우는 심리적 기법입니다.

이런 특징들로 NLP 심리학은 문제를 가지고 있는 사람에게 깊이 있는 이해와 성찰을 하게 하며, 목표설정을 돕고 행동을 바꾸는 것으로 실제적 도움을 줍니다. NLP 심리학은 20세기 후반에 전 세계에 널리 알려지면서 자기성장과 개발, 건강, 상담과 심리치료, 교육, 육아, 세일즈, 스포츠, 예술 등 인간생활의 모든 분야에 강력한 효과를 보이고 있으며, 국내에서는 특히 통합심리치료 모델로 확산되고 있습니다.

NLP 심리학의 두 가지 기본 전제

NLP 심리학은 다음의 두 가지 기본적인 전제에 기반하여 자연스럽게 행복과 균형을 찾는 것을 목표로 하고 있습니다.

첫째, 지도는 영토가 아닙니다.
사람마다 각자의 마음속에 지도가 존재합니다. 이러한 지도는 더 나은 변화와 배움을 이끌어내는 융통성을 가지고 있습니다. 또한 상대방의 마음의 지도를 이해하고 자신의 마음의 지도를 알게 되면 서로를 이해할 수 있습니다. 마음의 지도는 마음의 지문처럼 세상을 보는 틀이지만, 실제의 영토는 아닙니다.

둘째, 삶과 마음은 체계적인 과정입니다.
인간들 사이에 일어나는 모든 과정은 그들의 환경과 사람 사이의 시스템입니다. 그러므로 시스템에 변화를 주면 행동에 변화가 일어납니다. 이러한 체계적인 과정을 이해하고 변화를 주면 더 나은 삶과 마음을 얻을 수 있습니다.

3

마음의 메시지 알아보기

보통 사람들은 부모로부터 큰 영향을 받으며, 어린 시절 부모와의 의사소통은 성격 형성과 대인 관계에 중요한 영향을 미칩니다. 또한 학교에서의 대인 관계도 어린 시절의 가족 관계에서 학습한 커뮤니케이션 유형을 반영합니다.

커뮤니케이션은 사고, 감정, 행동 등을 명확하게 하는 역할을 합니다. 명확히 바라는 것을 표현하고 내면에서 방해되는 것을 발견하여 제거함으로써 마음과 인간관계를 개선할 수 있습니다. 이는 정신건강과 행복 추구에 도움이 됩니다.

또한 상담의 성공은 상담자와 내담자 간 효과적인 의사소통에 기반을 두고 있습니다. 상담자가 능력이 뛰어나더라도 내담자와의 원활한 의사소통과 공감 과정이 실패한다면 효과적인 상담이 이루어지지 않을 뿐만 아니라 내담자의 신뢰를 떨어뜨립니다. 따라서 NLP 심리학을 활용한 접근 방법을 통해 효과적인 의사소통과 라포 형성을 이루는 방법을 알아보는 것이 중요합니다.

머릿속의 언어지도

NLP 심리학에서 커뮤니케이션은 '상대방의 의욕(반응)을 이끌어내는 것'으로 해석합니다. 이는 자신을 표현하고 상대방의 이야기를 듣는 과정을 통해 문제해결과 바람직한 심리 상태를 확인하고 실현하는 능력을 개발하는 것을 의미합니다. 따라서 커뮤니케이션 과정에서 자주 발생하는 '오해'의 개념에 대해 알아보고, 그 구조와 해결방법에 대해서도 알아보겠습니다.

1) 구체적인 정보의 생략

한 친구가 '나 어제 확 잘라 버렸어'라는 말을 했을 때 그 말을 들은 친구들은 다양한 해석을 하게 됩니다. 어떤 친구는 미용실에서 머리를 자른 것으로 이해하고, 어떤 친구는 다른 사람의 부탁을 거절한 것으로 이해할 수도 있습니다. 이러한 해석의 혼란은 완벽한 의사소통과 구체적인 정보 전달을 위해 필요한 육하원칙을 생략한 결과입니다. 육하원칙은 '누가 언제 어디서 무엇을 왜 어떻게'를 의미하며, 이는 효율적인 의사소통을 위한 기본 원칙입니다. 이를 생략하면 불완전한 소통이 이루어져 종종 오해와 억측을 초래하며 인간관계에 장애 요소가 될 수 있습니다.

우리 뇌에는 경험을 통해 기억된 언어가 저장되어 있습니다. 이 뇌 내 언어지도는 사람마다 다르게 작동합니다. 예를 들어, '잘라 버렸다'라는 말을 상대방에게서 들었을 때, 외모에 관심이 많은 여자는 최근에 자신이 미용실에 다녀온 일을 떠올리며 머리를 자른 것으로 연상할 수 있고, 정원사들은 정원에서 나무를 자르거나 가지를 치는 광경을 연상할 수 있습니다. '뇌 내 언어지도'는 인간이 말을 배우기 시작하는 대략 2세부터 형성되는 것으로 알려져 있습니다.

그러나 현실적으로 우리나라에서는 주로 7세까지 부모나 선생님으로부터 '~을 하지 말아라'라는 금지 언어나 '~하거라'라는 명령 언어를 자주 듣습니다. 이로 인해 뇌의 언어지도에 금지와 명령의 언어가 강하게 입력되고, 성인이 되어도 무의식적으로 자신에게 제약을 가하는 경향이 있습니다.

또한 성장과정에서 사춘기로 접어들면, 이때에는 자아와 자아상이 형성되고 자신의 미래에 대해 생각하고 고민하는 시기입니다. 주로 13세 전후부터 시작되며, '내가 정말로 되고 싶거나 원하는 것은 무엇인가?'라는 질문과 고민을 하며 성장합니다. 그러나 실제로는 이 나이까지도 부모로부터 계속해서 금지와 명령의 언어를 듣거나 아예 대화가 단절되는 경우가 많습니다.

2) 뇌 언어 지도의 강한 영향력

성인이 되어도 인간관계나 경험을 통해 지속적으로 새로운 뇌 언어지도를 형성하게 됩니다. 그러나 내면 깊은 곳에 있는 '사물에 대한 시각'은 어린 시절의 금지나 명령의 뇌 내 언어지도에 큰 영향을 받을 수 있다고 말할 수 있습니다. 이러한 뇌 언어지도는 해당 개인의 가치관, 신념 및 정체성에 큰 영향을 미칩니다. 따라서 이 언어지도가 부정적으로 형성된다면 자신이 바람직한 상태를 창출하고자 할 때에도 무의식적으로 방해를 받을 수 있습니다.

3) 의사소통의 93퍼센트는 비언어적입니다

1970년대에 게재된 영국의 심리학 전문잡지인 〈심리학 저널〉의 논문에 따르면, 사람과의 대화에서 상대방으로부터 받는 인상 중 언어에 의한 판단은 단 7퍼센트에 불과하며, 대신 청각적인 음조가 38퍼센트, 몸짓이 55퍼센트의 중요성을 가지고 있다는 것이 밝혀졌습니다. 이는 진정한 커뮤니케이션은 언어뿐만 아니라 시각과 청각을 포함한 전체적인 몸의 신호로부터 느끼는 정보가 훨씬 더 많다는 것을 입증하고 있습니다. 또한 목소리 톤이나 말의 속도, 침묵이나 손동작과 같은 말과 말 사이의 다양한 요소들도 시각, 청각, 촉각의 구성 요소로 작용합니다.

4

마음속 지도 다시 그리기

마음속 지도

우리 삶에서 자신만의 규칙에 얽매여 자신을 괴롭게 하고 남에게 상처를 주는 일이 빈번하게 일어납니다. NLP 심리학은 마음속의 주관적 경험에 변화를 주면 행동에 변화가 생기는 원리를 이용하는 심리학입니다. 이러한 경험을 하면 마음속으로 '아하'와 같은 감동이 생깁니다.

NLP 심리학은 마음속의 지도와 실제를 구분하여 그 마음속의 지도가 어떻게 만들어졌으며, 어떤 그림인지에 대한 가치를 발견하여, 자신의 마음의 틀에서 벗어나서 실제를 있는 그대로 느끼고 경험하는 모델을 연습하는 것입니다. 예를 들어 장미를 볼 때 일반적인 사람은 '장미가 아름답다'라는 생각을 할 것입니다. 하지만 일부의 사람은 '장미 가시에 찔릴 수 있으니 조심해야 한다'라는 생각을 할 수 있습니다. 이는 이전의 경험이나 사건이 영향을 미친 것입니다. 이런 경우에 NLP 심리학을 적용하면, 장미꽃을 바라볼 때 장미에 있는 가시를 보는 것이 아니라, 예쁜 꽃만 보고 '장미는 아름답다'로 변경해서 볼 수 있습니다.

인간은 감각기관을 통해 세상을 지각하고 탐색하여 정보를 해석합니다. 인간의 뇌는 이 정보를 기억체계에 코딩한 후 필요할 때 외부세계와 의사소통을 합니다. 그러나 세상의 많은 정보와 자료들은 각각의 사람의 여과조직에 의해 걸러지고 재조직됩니다. 실제를 경험하고 관찰하는 것은 마음의 작은 부분만을 사용하는 것입니다. 자신의 필요에 따라 왜곡distortion하고 삭제delete하고 일반화generalization를 거치며, 이것은 어떤 틀 안에서 자신의 안정을 유지하려는 인간의 본능과 관련이 있습니다.

주관적 감각 경험

우리 뇌는 시각, 청각, 촉각 등의 신경계를 통해 내적으로 정보를 수집하고 재현합니다. 개인이 과거에 축적한 경험을 시각, 청각, 촉각 등의 감각으로 불러올 수 있다면, 그것은 성공적인 패턴으로 바꿀 수 있다는 의미이기도 합니다. 그래서 경험은 정보를 수집, 재현하는 과정에 따라 주관적이며 사람마다 느끼는 감정이 다릅니다. 우리는 이것을 주관적 경험이라고 합니다.

① 자신의 내면에 집중하여 63빌딩 맨 꼭대기에 올라갔다고 상상합니다. 63빌딩 꼭대기에서 밖을 내다보는 순간 그만 발이 미끄러졌습니다. 당신이 느끼는 감정은 어떠한가요?

② 자신의 내면에 집중하여 63빌딩 맨 꼭대기에 올라갔다고 상상합니다. 63빌딩 꼭대기에서 밖을 내다봅니다. 당신의 양 겨드랑이에 날개가 있다고 상상합니다. 시원한 바람이 불어옵니다. 당신은 이제 날 수 있어 날아도 다치지 않습니다. 꼭대기에서 날개를 펴고 뛰어내렸습니다. 당신이 느끼는 감정은 어떠한가요? 같은 곳을 상상하면서도 느끼는 감정은 분명 다를 것입니다. 이는 내가 어떻게 바라볼 것인지에 달려있다는 것을 의미합니다. 프로그래밍에 따라 같은 것을 보면서도 좋게

보일 수도 있고 나쁘게 보일 수도 있습니다.

우리는 주관적 경험에 매여있습니다

에이브러햄 매슬로는 '인간이 최상의 경험을 하려면 자신의 철칙 같은 것을 버려야 한다'고 말했습니다. 우리는 자신의 편견을 인식하고 이를 극복함으로써 성장할 수 있습니다. 일반적으로 경험의 강도가 촉각이 80퍼센트, 청각이 13퍼센트, 시각이 7퍼센트 정도 기억된다고 합니다. 촉각이 기억의 중요 요인으로 사실이 아닌 감각에 따라 프로그래밍이 달라지는 이유입니다.

NLP 심리학은 주관적 경험을 연구하는 학문입니다. 정보는 외부에서 들어오지만, 정보 해석을 통해 자신이 주관적 경험을 만듭니다. 예를 들어 얼음이 얼면 신나게 뛰어다니는 사람도 있고, 넘어질 것을 걱정하며 화를 내는 사람도 있습니다. 이처럼 마음의 주관적 경험이 자신의 성격과 행동을 형성하는 데 영향을 미칩니다.

이를 주도하는 요인으로는 사회적인 제약, 개인적인 판단, 그리고 신경세포의 활동 등이 있습니다. 감정은 우리 몸 안에 있으며, 생존본능에 따라 방어기제를 많이 사용합니다. 치료과정에서 방어기제를 많이 사용하는 사람은 변화를 두려워하며 변화를 다루기 어렵다는 것이 일반적인 경향입니다. '감정은 주어가 없다'라는 말과 같이 감정은 마음의 해석에 의한 결과물입니다. 주관적 경험은 감정을 만들고, 감정은 인생의 질과 정서를 결정합니다. 주관적 경험을 바꾸어 더 큰 유연성을 가지게 되면, 삶에서 더 많은 행복을 느낄 수 있습니다.

뇌는 상상과 실제를 구별하지 못합니다

뇌는 상상과 실제를 구별하지 못합니다. NLP 심리학의 원리는 결국 상상하고 느끼는 것이 몸으로 느끼는 것과 같다는 것을 의미합니다. 의식이 인지하는 정보는 제한적이기 때문에 초점을 맞춘 것에만 반응하며, 또한 개인의 관심사에 따라 집중하는 것이 달라집니다.

만약 종소리가 울리고, 오렌지 향을 맡으면서 입에 넣는 것을 3번 반복하는 상상을 하면, 다음에는 종소리만 울리더라도 몸의 반응을 확인할 수 있습니다. 이처럼 상상만으로도 입 안에 침이 고이는 경험을 할 수 있습니다.

5

힘든 기억에 반창고 붙이기

우리의 감정과 기억의 특성

NLP 심리학의 상담과 치유 기법은 부정적으로 자신의 인생을 이끌어온 상처받은 내면의 자아를 새롭게 치료하고 긍정적인 변화를 이끌어내는데 큰 효과가 있습니다. 이 기법은 내담자가 수치심을 내면화시키게 된 동기가 부모님, 선생님, 교회의 사역자 등 매우 친밀한 관계의 인물로 인해 돌이킬 수 없는 상처를 입었을 때도 대단히 효과적입니다.

NLP 심리학에서는 인간의 감정과 기억은 거의 고정되어 있다고 말합니다. 생리적으로 마음의 버튼을 누르면 작동되는 스테레오 녹음기와 같아서 소리, 이미지, 느낌, 냄새, 맛에 의해서 고정된 감정이 유발됩니다. 또한 일상생활에서 사용되는 언어 중에는 단어만으로도 과거의 느낌을 불러일으킬 수 있습니다.

일반적으로 우리가 의식세계 속에서 경험하는 것을 자신의 말로 재현해 낸다는 것을 알 수 있습니다. 다만 우리는 그 상황을 100퍼센트 전달할 수는 없습니다. 우리가 어떤 일에 관해 이야기할 때는 자신이 인식한 것만 이야기합니다. 이러한 인식의 체계는 두 가지로 나누어져 있는데, 바로 지각 기능과 지성적 기능입니다.

우리가 어떤 지식과 사실을 받아들이는 데 가장 먼저 작동하는 것은 우리의 지각입니다. 그러나 우리의 지성은 항상 두 가지 지각에 기반하여 받아들여지기 때문에 실제로 벌어지는 일들과는 어느 정도 거리가 있습니다.

철학자인 프리드 반 래비니즈는 우리의 지성이 항상 지각에 기초한다고 했습니다. 이는 보고 듣고 만지고 맛보고 냄새를 맡기 전에 지각이 먼저 이를 감지한다는 뜻입니다. 그러므로 해로운 수치심은 사람의 본질 자체를 수치스럽게 여기도록 합니다. 이러한 상태가 되면 마음속의 많은 기억이 수치심에 엉켜있는 상태일 수 있습니다. 우리 마음속에서 수치스럽게 느껴지는 기억들은 마치 여러 가지 혼합물과 같은 이미지로 모여 있어서, 수치심을 주었던 이미지와 비슷한 이미지를 만나면 다시 수치심이 발동하게 됩니다.

이러한 심리적인 악순환은 살아 움직이는 듯, 내면에서 독립적으로 작용하기 때문에 통제가 불가능해 보입니다. 또한 수치심의 악순환은 안에서 들려오는 음성으로도 유발될 수 있습니다. 내면에서 들려오는 음성들은 자신과 세상을 바라보는 시각이 아닌 수치심이 내재된 부모가 자신의 수치심을 투사하면, 나중에 그 부모가 없음에도 비난하던 음성이 자신에게 내면화되어 수치심을 지속해서 인식하게 됩니다. 교류분석을 연구한 심리학자들의 견해에 의하면 개개인의 마음속에는 대략 25,000시간 정도 분량의 부정적 영향을 주는 음성들이 저장되어 있다고 추정하고 있습니다.

내담자의 과거 바꾸기

'과거에 참기 힘들었던 순간으로 돌아가기'는 이런 부정적인 이미지를 긍정적인 이미지로 뒤바꾸는 심리치료입니다. 이는 과거를 수정하고 교정하여 재경험하는 것이며, 수치심을 꺼내서 밖으로 배출하여 감소시키는 것과 같습니다. 수치심이 내재한 부모가 내담자에게 격노하거나, 비난하거나, 판단하거나, 규정해버리고, 자신은 수치스러울 것이 하나도 없는 사람처럼 행동하며, 수치심을 투사하는 동안 그들의 수치심은 우리 안에 내재됩니다. 우리는 부모의 비난을 감수하며 받아들이지만, 실제 문제가 있는 사람은 그들 자신입니다.

NLP의 창시자인 리처드 밴들러는 '과거 바꾸기' 기법을 다음과 같이 표현하였습니다.

'내가 하는 이 작업은 사람들이 그들의 과거를 바꿀 수 있는 원천을 가지고 있다'는 것으로부터 출발합니다. 내가 이야기하는 원천은 우리가 과거에 가졌던 자신에 대한 긍정적인 것들입니다. 우리가 가진 모든 경험은 우리의 자산입니다. 우리는 자신이 용감하고 자신이 있었던 순간과 만족한 순간들을 가지고 있습니다. 심리치료사의 목적은 이런 순간들을 끄집어내서 필요한 부분에 활용하는 것입니다. 존 그린더, 델로지어와 나는 이 방법을 개발했고 이것을 앵커링이라고 부르기로 했습니다.

결국 우리 자신과 내담자의 '과거 바꾸기' 기법은 오늘날 NLP 심리기법의 중요한 부분 중 하나인 앵커링 즉 과거의 행복했던 기억이나 경험을 현재에 가져와서 현재의 힘든 경험을 뒤바꾸는 작업입니다. 심리학자 레이즐에 의하면 우리가 기억하는 일은 특정 사건과 맞물려 저장한다고 합니다.

앵커링 기법은 과거에 가졌던 경험들을 마치 녹음기의 스위치를 켜는 것처럼, 엄지손가락과 다른 손가락들을 닿아서 원을 그리듯이 접근해 봅니다. 현재와 관계있는 것이 연결되면 엄지손가락과 다른 손가락을 닿는 일(두 손가락을 맞대어 원을 만들듯이)은 옛 경험을 상기하도록 해줍니다(무의식에서 그 느낌이 올라옵니다).

과거의 힘들었던 경험을 바꾸어 보기

다음은 앵커링 실습의 실제 상황입니다. 내담자에게 부모님이나 내담자와 가까운 사람이 과거에 주었던 수치스러운 일을 떠올리며 눈을 감고 그 순간으로 다시 돌아가도록 합니다. 어떤 학생이 고등학교 2학년 때 큰 수치심을 느꼈던 일이 있었습니다. 그 학생은 성적이 매우 저조하여 학급에서 꼴찌 수준이었습니다. 그 학급의 담임선생님은 여름 방학식이 있는 날, 그 학생의 성적표를 바닥에 집어 던지셨습니다. 그때 그 학생은 심한 충격을 받고 성적표를 주울 수조차 없었습니다. 그 학생의 성적표는 바닥에 떨어져 있고, 줍지도 못하고 당황한 모습을 반 친구들과 담임선생님이 조롱하듯이 웃으며 지켜보았습니다. 그 상황 속에서 학생은 엄청난 수치심을 느꼈습니다. 그리고 순간적으로 머리가 하얗게 변하는 충격적인 경험을 하게 된 것입니다. 상담자인 나는 내담자가 가지고 있는 참담한 경험을 자신을 위해 바꾸기로 하였고, 학생도 흔쾌히 동의했습니다.

먼저 그에게 눈을 감고 감정이 가장 뚜렷하게 느껴지는 지점으로 가게 했습니다. 내담자 자신이 그 당시에 하고 싶었던 말을 하라고 했습니다. 그리고 내담자에게 그의 오른손의 엄지손가락과 검지손가락을 마주하여 동그라미 모양으로 만들도록 지시하였고, 그가 과거를 재경험하는 30분 동안 그 자세를 유지하도록 하였습니다. 다음에는 내담자에게 크게 숨을 들이쉬고 내쉬기를 반복하며 안정을 취하도록 했습니다. 그리고 내담자가 언어를 통해 경험을 다시 재구성하는 시간을 가지기 위해 과거에 이루었던 일이나 즐거운 순간을 찾아내어 생각하도록 했습니다. 그리고 내담자에게 거기에 관한 충분한 자료와 당시 상황을 정리할 시간을 주었습니다.

이제 다음과 같이 질문했습니다. '지금 여기에 누가 있나요?' '그 사람들과 무엇을 하고 있나요?' '그들은 학생을 어떻게 절망시키고 있나요?' 이러한 질문을 통해 과거 순간으로 접근하고 내담자가 전에 그 경험을 느낀 당시처럼 오른손에 있는 엄지손가락과 검지손가락을 맞대어 원을 그리도록 했습니다. 그리고 내담자에게 약 30초 동안 숨을 고르게 하고 그가 전에 경험했던 즐거운 경험으로 돌아가게 했습니다.

기억을 재구성하는 작업

이러한 실습과정을 가로 세로 좌표축으로 설명해 본다면 다음과 같습니다.

가로축 : 왼손에 있는 엄지손가락과 검지손가락을 마주해서 두 손가락을 원모양으로 맞댑니다. 그리고 나서 내담자가 전에 겪었던 성적표에 관한 느낌을 내면에서 끄집어 냅니다.

세로축 : 오른손에 있는 엄지손가락과 검지손가락을 마주 대면서 역시 두 손가락이 원을 그리듯이 동그랗게 모양을 만들어 봅니다. 그리고 그가 고등학교 2학년 때 당시 갖지 못했으나 그가 원했던 힘을, 그가 지금 가지고 있는 확고함과 하고 싶었던 마음속의 말로 생생하게 다시 떠올려 봅니다.

이와 같은 과정은 우리의 기억을 재구성하는 작업입니다. 뇌과학 이론에 의하면 뇌와 신경계는 우리가 상상한 이미지를 실제와 같도록 생생히 느끼면, 가상현실과 실제를 거의 구분하지 못한다고 합니다. 예를 들면 편집증 환자가 그들이 만든 가상의 공간에서는 아무 위협이 없는데 두려워하고 떨며 환상 속에서 살아가는 것처럼, 일반인들도 미래에 닥쳐올 일을 걱정하느라 많은 에너지를 소비합니다. 이 모든 현상은 우리의 이미지 작용만으로 실제처럼 반응이 일어나 생기는 것입니다. 그래서 종종 NLP 심리상담에서는 뇌의 성격을 '우리의 뇌는 상상과 현실을 구분하지 않는다'는 의미로 말합니다.

다음 단계로 내담자에게 자신이 겪었던 수치스러웠던 상황으로 돌아가서, 성공한 경험을 바탕으로 당시에는 선생님께 감히 하지 못했던 말을 하라고 권유했습니다.

이것은 앞에서 말한 가로축 세로축에 걸쳐 있는 일을 실천해 보는 것입니다. 결국 이 가로축과 세로축의 원리는 가로축의 실제 상황에 세로축의 새로운 힘과 자신감이 동시에 합쳐져 새로운 상황을 만들어 냅니다.

　마지막으로 내담자로 하여금 그 상황으로 돌아가서 그가 하고 싶은 일을 하라고 지시했습니다. 내담자는 그 순간에 담임선생님이 내담자의 성적표를 집어 던진 일에 집중했습니다. 내담자에게 '담임선생님에게 느끼는 감정은 어떤가요?'라고 질문했습니다. 그 순간 내담자는 다음과 같이 반응했습니다.

　'어떻게 나같이 어린 학생에게 그렇게 못되게 굴 수 있어? 나는 그 성적이 최선을 다한 일이었어. 당신과 같은 사람이 어떻게 선생이 될 수 있어?'라며 분하고 서러웠던 감정을 폭발시켰습니다. 담임선생님에게 하고 싶었던 말을 하는 동안 내담자의 수치심이 내면에서 빠져나오는 것을 알 수 있었습니다.

　이 상담을 통하여 알 수 있는 것은 상담자는 상담하는 동안 내담자에게 내면의 소리를 다 말하도록 도와줘야 하지만, 결국 내담자가 자발적으로 자신의 지난 경험을 재해석하고 말과 행동을 통해 표현하는 것이 중요합니다. 이런 다음에야 힘들었던 경험을 치유하고 앞으로 나아갈 수 있습니다.

6

나는 어떤 자원을 가지고 있을까?

목표를 성취하기 위한 자원 찾아보기

NLP 심리학에서 마음치료의 가장 기본개념은 '자원 혹은 자원감'에 초점을 맞추어 적용하는 것입니다. NLP 심리학에는 '자원이 없는 사람은 없습니다. 그런 상태만이 있을 뿐입니다'라는 기본 전제를 하고 있습니다. 하지만 사람들이 이러한 사실을 잘 모르거나 알고 있더라도 문제해결을 위하여 잊어버리는 경우가 많습니다.

여기서 말하는 '자원'이라는 말은 무엇을 의미할까요? NLP 심리학에서는 '자원'이라는 개념을 우리 자신들이 무엇인가를 하고자 할 때 필요한 재료를 말합니다. 예를 들면 금전이나 연필, 컴퓨터, 자동차 등 물질적인 것도 있고, 개인의 시간이나 정보처럼 비물질적인 것도 있습니다. 그리고 용기나 경험, 신념처럼 정신적인 측면도 자원에 속합니다. 결국 자원의 개념을 종합하면 자신의 목표를 달성하기 위해 필요한 모든 것이라고 정리할 수 있습니다.

필요한 자원은 자신의 목표에 따라 달라집니다. 더 정확히 말하면 내가 가진 것 중에서 원하는 목표에 기여하는 것만이 자원이 될 수 있다는 의미이기도 합니다. 우리가 자원을 의도적으로 찾아내고 경험할 수만 있다면, 원하는 목표뿐만 아니라 그로 인한 스트레스나 정신적인 문제를 해결하고 치료하는데 큰 도움이 됩니다.

목표에 맞는 자원을 찾아내는 훈련은 문제해결과 자원감의 회복을 이루어 줍니다. NLP 상담기법의 요소 중 기억과 상상, 눈동자의 움직임, 시각과 청각의 감각 경험, 전경과 배경, 인간 경험의 과정 등의 자원을 활용할 수 있습니다. 이 과정을 경험하고 나면 자원에 대한 자신의 관점이 변할 것입니다.

'자신이 모든 자원을 가지고 있다'는 말은 곧 무엇이든 자원이 된다는 의미입니다. 지식과 지혜 그리고 생각과 감정, 능력, 신념, 가치 등 인식 차원의 것뿐만 아니라, 그 대상이 무엇이든 우리가 원하는 목표, 바람직한 결과를 성취하는데 활용할 수 있다면, 무엇이든 자원으로 활용할 수 있습니다. 자신의 목표에 꼭 맞는 자원을 찾기 위해서는 다양한 자원을 둘러볼 수 있는 유연한 태도가 필요하고, 적절한 자원을 사용하면 마음의 문제나 목표를 빠르게 성취할 수 있습니다.

첫째, 꼭 필요한 자원은 무엇일까?

먼저 목표와 문제의 개념정리를 해야 합니다. 그 후에 목표와 문제를 치유하기 위해 꼭 필요한 자원이 무엇인지 알아야 합니다. 목표와 문제를 개념정리하기 위해서 이런 질문을 할 수 있습니다. '내가 지금 원하는 것은 무엇인가?' 이 질문을 통해 치유하고 싶은 경험과 목표를 먼저 확인합니다. 치유하고 싶은 경험과 목표가 명확해졌다면, 자원을 확인해 볼 차례입니다.

'목표를 이루는 데 필요한 자원은 무엇인가?'라는 질문을 하면서 자원을 천천히 하나씩 떠올려 봅니다. 내가 이미 많은 자원을 가지고 있었다는 사실에 놀라고 있을지 모릅니다. 계속해서 더 많은 자원을 찾아봅니다. 또한 필요하지만 가지고 있지 못한 자원도 함께 찾아봅니다. 어느 쪽이든 많이 찾아낼수록 좋습니다. 이렇게 찾은 자원 중에서 목표실현에 가장 유용하고 도움이 되는 것은 무엇인지 구체적으로 생각해 보는 것도 필요합니다.

둘째, 다른 사람의 자원 엿보기

나의 목표와 문제를 해결하기 위해 나와 같은 목표를 가지고 성취했던 사람이 있는지 찾아보고 그가 자원을 어떻게 발견하고 사용했는지 알아봅니다.

이번에는 다른 관점에서 나와 같은 문제를 가지고 있으면서 그 것을 수월하고 쉽게, 수차례 반복하여 목표달성을 한 사람을 찾아서, 목표를 달성한 사람의 모습을 떠올려 봅니다. 이러한 대상을 NLP 심리학에서는 '모델'이라고 합니다. 그 사람이 찾아본 자원과 활용한 모습을 그대로 실천해 보는 모습을 '모델링'이라고 합니다. 모델과 모델링을 통해서 더 신속하게 문제를 해결할 수 있는 열쇠를 찾아볼 수 있습니다. 어쩌면 '모델링은 목표를 달성한 사람의 모습을 그대로 흉내내기'로 이해하는 것이 쉬울 것 같습니다.

셋째, 다른 시선으로 바라보기

제3자 입장(관찰자)에서 나를 바라볼 때 내가 지금 가지고 있는 가장 유용하고, 강력한 자원은 무엇인지 찾아봅니다. 이번의 시도는 다른 사람 즉 제3자의 관점에서 나를 바라보는 경험입니다. 3자의 시각 즉 분리의 관점으로 들어가서 나를 바라보는 것입니다. 내 모습이 어떻게 보이는지 확인해 봅니다. 남을 보는 것처럼 좀 낯선 느낌이 들 때까지 잠시 바라보기만 합니다. 이 순간 내가 가진 것들 중에서 가장 유용하고 강력한 것으로 보이는 자원은 무엇인지 확인합니다. 이 문제에만 집중하여 내가 해결해야 할 문제나 목표를 성취하는데 꼭 도움이 되는 자원이 무엇인지 적극적으로 살펴보고 찾아봅니다.

필요하지만 가지고 있지 않은 자원 확인하기

내가 원하는 목표를 달성하기 위해 필요한 것으로 현재의 내가 가지고 있지 않은 자원은 무엇인지 확인하고 알아봅니다. 앞의 단계에서 설정한 모델과 자신을 비교해 보았으리라 생각합니다. 그 모델은 갖고 있지만, 나는 갖고 있지 못한 자원이 있는지 살펴보아야 합니다. 이를 통해 해결해야 할 문제의 본질을 이해하고, 이미 내가 가지고 있는 자원 중에서 꼭 활용해야 할 자원도 확인할 수 있습니다. 내가 문제해결을 위한 자원을 발견했다면 목표나 문제해결은 이제 거의 다 이루어진 것입니다.

변화 결과를 점검하기

이번 심리적인 경험을 통하여 도움이 되고, 문제해결의 열쇠를 발견했다면 어떤 것이 있는지 살펴봅니다. 그리고 자신의 문제해결을 위하여 더 많이 활용해야 할 자원과 새롭게 추가해야 하는 자원이 무엇인지, 어떻게 하면 꾸준한 노력을 통하여 나의 자원을 활용하면서 문제를 해결할 것인지에 대해 눈을 감고 탐색해 봅니다. 만약 나의 문제해결 방식이 적절하지 않다면 무엇을 다르게 해야 할지, 어떤 자원에 더 집중할지 또는 어떤 자원을 추가해야 할지도 생각해 봅니다.

1

장애 요소 분리하기

문제해결을 방해하는 요소

　NLP 심리학에서는 문제해결을 위한 변화를 경험하기 위해 마음 속의 신념 메시지를 통해 의도된 행동을 유도합니다. 이렇게 만드 는 것이 상담과 심리치료의 방법입니다. NLP 심리기법을 순서대로 경험하면 마음 상태가 자연스럽게 변화합니다. 그러나 종종 심리기 법을 이해하고 시행하더라도 다른 요소에 방해받거나 스스로 심리 적인 장애를 겪게 된다면, 원하는 결과나 문제해결이 어려워질 수 있 습니다.

　따라서 자신의 마음으로부터 문제해결을 방해하는 요소를 분리 해 보는 것이 중요합니다. 이를 통해 스스로 방해물을 제거하거나 문제를 해결함으로써 원하는 결과를 얻을 수 있습니다. 이런 방해물을 분리하고 해결하는 절차와 방법에 대해 알아보겠습니다.

첫째, 바람직한 결과를 목표로 합니다.

목표로 설정할 마음 상태를 명확히 정하는 것은 중요합니다. 목표가 모호하면 방법 또한 모호하고 어떤 노력도 기울일 수 없습니다. 최종 상태의 마음이 어떤 상태가 되어야 하는지를 정하는 것이 결과로서의 목표를 정하는 것입니다. 그래서 나의 마음 치유가 된 상태는 NLP에서는 항상 구체적으로 눈에 보이고, 귀에 들리며, 몸으로 느낄 수 있는 것이어야 합니다. 이렇게 온몸으로 느끼고 떠올릴 수 있다면 목표에 더욱 가까워지게 됩니다.

둘째, 나의 목표를 가로막고 있는 것이 무엇인지 확인합니다.

나의 목표를 구체적으로 떠올리면, 다가가지 못하게 가로막고 있는 장애 요소도 만나게 됩니다. 무엇이 나의 목표를 가로막고 있는지를 알고 장애 요소를 해소하면, 그 즉시 목표가 실현될 수도 있습니다. 이 순간 정말로 나의 문제해결을 가로막고 있는 장애 요소가 무엇인지 반드시 확인하고 알아차려야 합니다.

셋째, 문제에서 떨어져 잠시 생각합니다.

이번에는 한 발짝 뒤로 물러나 나의 심리적인 모습과 목표 사이에 있는 심리적인 장애 요소를 바라봅니다. 제 3자의 입장에서 나의 모습과 목표 사이에 놓인 장애 요소를 바라봅니다. 단지 바라보는 것만으로 장애를 뛰어넘을 수 있는 무엇인가를 새롭게 발견할 수 있습니다. 이 순간 어떤 자원이 필요할까요? 이미 가지고 있는 능력일 수도 있고, 나에게 도움을 줄 조력자일 수도 있고, 노력해서 터득해야 하는 새로운 능력일 수도 있습니다.

일반적으로 심리적인 문제를 지닌 사람들은 감정을 개입하게 되는데, 감정이 개입되면 심리적인 유연함은 사라지게 됩니다. 그래서 목표하는 일이나 심리적 문제를 해결하려고 해도 습관적으로 한 가지 시각으로만 바라보게 됩니다.

한 가지 예를 들면, 옛날 일을 떠올리게 되면 당시의 기분에 휩싸이면서 그때와 똑같은 상태가 됩니다. 그동안 시간도 많이 경과되었고 상황이 전혀 다른데도 과거에 갇히게 되는 것입니다. 아무리 주변환경이 달라졌다 하더라도 무의식적으로 그 상태에 빠져들기 때문에, 이런 상태로는 새로운 관점을 취할 수도 없고 새로운 시도도 기대할 수 없습니다.

이러한 상황에서 쉽게 새로운 관점을 취하는 것이 'NLP 분리의 기법'입니다. 이러한 분리의 시각은 많은 것을 변화시킵니다. 우선 거리를 두도록 만들어 심리적 장애로 인한 부담을 직접 느끼지 않게끔 해줍니다. 결과적으로 진실한 경험을 회피하게 만드는 두려움, 불쾌함, 부끄러움, 난처함, 황당함, 분노 가득했던 마음의 부담을 줄여줍니다. 새로운 관점을 취할 수 있기에, 새로운 생각도 할 수 있고, 마음의 변화도 가져올 수 있습니다.

넷째, 감각 경험으로 미래 결과를 점검합니다.

지금까지 해 왔던 마음의 변화작업이 어떤 결과를 만들어 주었는지 확인하는 절차입니다. 이제 목표나 마음의 문제를 가로 막는 장애물을 떠올려 봅니다. 종전의 경험과 달리 장애 요소가 나의 마음에 영향을 주는 것이 멈추는가, 아니면 전과 같이 좌절하게 되는가를 확인해 봅니다. 그리고 종전처럼 부정적인 정서 상태에 빠져들게 되는지, 이전과 무엇이 달라졌는지를 확인해 봅니다.

만약 나의 목표나 심리적인 문제가 치유되거나 변화된다면 이전에 느꼈던 부정적인 정서와는 다른 태도를 나타내게 된 것입니다. 이러한 경험 이후에는 어떤 장애물이 있더라도 다른 선택이나 행동을 취할 수 있게 됩니다. 이제 '나는 이런 상황에서 앞으로 어떻게 하면 될까?'라는 마음속의 통찰(깨달음)이 일어나게 됩니다.

NLP 기법은 자신이 가지고 있는 긍정적인 자원을 활용하여 부정적인 상황이나 심리적인 장애를 겪는 사람들이 자신의 목표나 문제를 긍정적이고 능동적인 관점에서 바라볼 수 있도록 도와주는 기법입니다. 이를 통해서 이제는 종래의 장애물이 선택의 행동과 자원으로 변화되었으며, 목표나 심리적인 문제를 긍정적으로 이끌어나가는 과정을 경험할 수 있습니다. 우리는 종종 내가 가진 능력과 자원을 외면하고, 오직 나타난 문제에만 집중하여 더 큰 심리적인 좌절을 경험하는 경우가 많습니다. 이러한 상황에서 자원을 발견하고 관점을 바꾸어가는 기법은 일상생활에서 자연스럽게 실천할 수 있는 방법입니다.

다지지 않고
행복할 권리

뇌가 몸을 지배합니다

제2장

1

상상이 현실이 됩니다

주관적 경험

NLP 심리학에서는 일반적인 심리치료의 기본원리 중 하나인 '사람의 주관적 경험'을 중요시합니다. 주관적 경험이란 인간 우뇌의 작용 즉, 오감의 작용을 통해 이뤄지는 것으로 시각, 청각, 촉각, 미각, 후각을 통한 인지로 감정과 행동이 나타남을 뜻합니다. 이러한 원리를 통해 부정적인 주관적 경험으로 만들어진 정서적 부적응 현상이 긍정적인 주관적 경험을 통해 신념을 바꾸는 과정을 거쳐 행동 변화가 일어나고 심리치료가 가능해집니다.

이러한 바탕에는 전두엽을 비롯한 뇌 작용과 마음도 포함되어 있습니다. 마음과 정서에 큰 영향을 미치는 것은 바로 뇌의 작용입니다. 뇌의 작동원리와 특징을 이해하면 우리의 신념이 긍정적으로 변화하면서 긍정적 행동이 자연스럽게 유발되고 건강한 마음 상태로 회복됩니다. 따라서 뇌의 작동이 어떻게 이뤄지는지 살펴보며 심리치료 기법을 사용하면 효율적인 상담과 심리치료를 할 수 있습니다.

무엇을 상상하든 현재가 됩니다

인간에게는 과거, 현재, 미래는 하나의 추상적인 관념일 뿐입니다. 그 중에서 현재만이 실제로 존재합니다. 또한 우리의 뇌 회로는 시각, 청각, 촉각, 미각, 후각으로만 나누어져 경험적인 정보를 처리하는데 사용되며, 이러한 정보를 처리하는 회로는 각각 과거, 현재, 미래와 같이 별개로 구분되어 있지 않습니다. 즉, 과거, 현재, 미래는 뇌에서 다루는 정보의 종류에 따라 분리되는 것이 아니라, 현재를 중심으로 다양한 정보를 동시에 처리합니다.

시각정보 회로에 현재, 과거, 미래의 정보에 상관없이 어떤 정보가 흘러가면 현재의 감각으로 받아들이고 처리하여 현재의 반응을 만듭니다. 다시 말하자면, 과거의 즐거운 체험을 회상해도 현재의 몸이 즐거움을 느끼고, 미래의 목표가 실현되는 것을 상상해도 지금의 몸이 기쁨을 느끼는 것입니다.

이처럼 사람의 뇌는 현실 정보, 기억 정보, 상상 정보를 따로따로 구분하지 못하고 오직 현재 정보로 인식하고 반응합니다. NLP 심리치료는 이러한 뇌의 특성을 이용해 모든 에너지를 현재의 마음과 몸의 상태에 집중시켜서 긍정적인 변화를 만듭니다.

뇌 의식은 무차원이지만 신체는 3차원입니다

우리는 물리적으로 3차원의 세계에 존재합니다. 신체(육체)는 지금 위치하는 곳 말고, 다른 어떤 곳에도 존재할 수 없습니다. 또한 한번 지나온 시간대의 신체 상태로는 절대로 돌아갈 수 없습니다. 물론 신체적인 요소를 고려하지 않는다면 순수한 '나'라는 개념, 관념세계에서는 얼마든지 과거와 미래로 오갈 수 있습니다. 그러나 우리의 신체는 지금 존재하는 이곳에서 연속적으로 바뀌는 시간을 알아서 앞으로만 나아가고 있을 뿐입니다.

이처럼 시간과 공간에 제약을 받는 나와는 달리 의식세계의 나는 얼마든지 과거, 미래의 시간대를 자유롭게 오가며 다른 장소를 체험할 수 있습니다. 즉, 시공간의 제한이 없습니다. 그래서 NLP 심리치료에서는 다른 모든 환경요소는 그대로 두고 자신의 체험만을 긍정적으로 바꾸어 새로운 체험으로 만들어서 저장합니다. 다시 말하면 덮어쓰기를 하는 것입니다. NLP 심리학뿐만 아니라 모든 심리치료의 기본원리이기도 합니다.

과거로 돌아가는 목적이 굳이 그 체험의 내용을 바꾸는 것이 아니라면, 회상을 통해 재체험하고 좋은 느낌을 현재의 몸을 통해 체감각적으로 느끼기만 해도 마음과 생각의 변화를 가져옵니다.

결론적으로 과거의 생활에서 나의 어떤 경험이 부정적이었다는 의미는 단지 그 경험으로 만든 지도가 부정적이었다는 의미이지, 그 경험 자체가 부정적이라는 것은 아닙니다. 그러므로 같은 경험이라도 미숙한 지도 때문에 부정적으로 받아들였던 것이라도, 지도를 갖게 된 시점에서 긍정적으로 받아들이면 새로운 변화가 일어납니다.

관념은 관념일 뿐

관념은 관념일 뿐 실체가 없습니다. 눈으로 볼 수도 없습니다. 그리고 현실화할 수도 없습니다. 어떻게 보면 그것이 곧 흔히 말하는 관觀입니다. 즉 인생관, 세계관, 직업관, 결혼관, 윤리관 등 너무나 많은 '관'이 우리를 지배하고 있습니다. 우리는 알게 모르게 '관'을 중심으로 살아갑니다. 관념은 우리의 행동과 판단에 큰 영향을 미치고 있습니다. 그래서 심리학에서는 내면 생각의 힘이 20만 배나 더 큰 힘을 발휘하며, 우리의 신념과 인생을 이끌어간다고 얘기합니다.

인간 뇌의 언어지도(신피질)에 예를 들어 '싸움'이라는 단어의 이미지가 형성되면 이 정보는 바로 감정 중추인 변연계로 전달되어 뇌하수체는 코르티솔, 아드레날린 같은 호르몬을 자동 분비하고 교감신경은 호흡을 거칠게 합니다. 심장 활동을 증가시키는 등 바로 싸움 모드에 어울리는 생리작용을 만들어 냅니다. 눈에는 힘이 들어가고, 근육은 공격이나 방어를 위해 긴장되고 에너지는 팔다리로 집중됩니다. 이러한 현상이 순식간에 일어납니다.

신피질의 이성은 과거에 저장된 데이터베이스의 준거틀에 대조하고 신념과 가치관에 비추어 보는 등 분석과 판단에 시간이 걸리지만, 감정은 전광석화처럼 작동합니다. 그래서 우리의 뇌는 부정문을 개념적으로는 이해하지만, 부정문을 현실화하지 못하므로 일상생활에서 부정문을 버리고 긍정문을 사용해야 합니다. 뒤에 나오겠지만 우리 뇌는 부정적인 언어에는 반응과 작동이 힘들어지며, 긍정적인 언어에는 금새 반응하여 활성화된 행동으로 이어지는 속성을 가지고 있습니다. 그러므로 이러한 것을 현실에서는 혼잣말이든 아니면 누구와의 대화에서든 긍정언어를 반복해서 사용하면, 그 자체로서 기분좋은 심리 상태로 변화하게 됩니다.

NLP 심리학에서는 우리가 사용하는 긍정언어와 언어작용을 중시하는 기법으로서 화법에서 '왜?'라는 단어보다 '어떻게?'라는 단어가 더 효과적인 결과를 가져오며 '예, 그리고yes, and'라는 긍정화법을 많이 사용함으로써 감정과 정서와 마음 치유에 더 가까이 다가갈 수 있는 것으로 강조하고 있습니다.

2

에너지는 관심 방향으로 흐릅니다

나 자신의 관심이 나를 살리게도 하고 병들게도 합
니다

이 원리는 게슈탈트 심리학의 영향을 받은 것으로, 일반적으로
우리의 관심이란 애정이 없으면 의미가 크게 줄어듭니다. 또한 관
심은 긍정적인 시각에서의 관심이어야 합니다. 최고의 가치는 아니
더라도 최소한 의미 있는 분야에 흥미를 갖는 것이 바람직합니다.

이것에 관한 예를 들어보겠습니다. A라는 사람이 길을 걷고 있습
니다. 거리에서는 온갖 정보가 쏟아집니다. 그는 이사를 앞두고 있
는 사람입니다. 그래서 그에게는 쏟아지는 정보 중에서 부동산 관
련 정보만 눈에 들어올 것입니다. 아니면 특정 브랜드의 자동차를
사려고 생각하고 있다면, 유독 그 브랜드의 자동차만 눈에 들어올

것입니다. 또는 어떤 사람이 일자리를 찾고 있다면 구인광고만 눈에 들어올 것입니다.

　이러한 현상은 집중과 몰입의 효과를 가져옵니다. 내면의 심리 상태를 파악하는 상담기법에도 매우 유용한 뇌의 특징이기도 합니다. 이러한 심리 에너지는 주의할 사항이 있습니다. 관심과 심리적 에너지가 일정 수준 또는 주위 환경과의 조화를 넘어 지나치면 탐닉이 되고, 나아가서 집착과 중독이 됩니다. 다시 말하면 정신병리 현상에 빠지게 될 위험성도 내포하고 있는 것입니다.

　내가 어떤 정보에 관심과 애정을 쏟는지가 나의 환경을 결정하는 것입니다. 내가 가치 있고 의미 있는 분야에 관심과 애정을 쏟는다면, 그 가치가 내 것이 됩니다. 반대로 가치 없고 올바르지 않은 분야에 관심과 애정을 쏟는다면, 나를 병들게 할 수도 있습니다. 단 여기에서 말하는 가치란 '정말 나 자신이 소중하게 생각하고 있는 그 무엇'이라고 말할 수 있습니다. 보통 우리들이 가치라고 하면 너무 거창하게 생각하기 쉬운데, 앞에서 말한 것처럼 가치는 일상에서 나의 머릿속에서 늘 떠나지 않고 소망하는 중요한 그 무엇이 될 것입니다.

우리의 뇌는 부정적인 말이나 문장을 잘 받아들이지 못합니다

인간의 뇌는 부정적인 언어의 의미를 좌뇌에서 이해하지만, 그것을 현실로 구체화하지는 못합니다. 인간의 마음속 지도는 언어로 이루어졌고, 모든 반응과 행동은 관념적인 언어의 바다에서 생각으로 나옵니다. 생각은 눈에 보이지 않으며, 어디까지나 관념일 뿐입니다. 생각이 구체적 생리적 반응이나 행동과 연결되어 외부에 나타나야만 현실이 되며, 자신뿐만 아니라 주위 사람들도 현실로 인식할 수 있습니다.

예를 들면 어떤 사람이 다음과 같은 말을 했습니다.

'나에게는 신도 없고 인생의 의미도 없어. 그래서 나에게는 아무것도 없다고 생각해'라고 했습니다. 어떤 반응이 일어날까요?

앞의 문장을 차근차근 이해해 봅시다. 과연 세상에는 아무것도 없는 것일까요? 이 문장을 통해서 알 수 있는 것은 부정적인 마음 상태는 오직 실재하지 않는 관념 속의 개념이라는 점입니다. 현실적이고 실체적인 존재로는 나타날 수도, 나타낼 수도 없는 것입니다. 증명할 수 없는 것입니다. 그럼에도 우리에게 때때로 이러한 관념이 중요하고 우리 인생에 큰 영향을 미치는 것도 사실입니다. 관념이 우리 마음의 지도이기 때문입니다.

한 번에 하나만 처리할 수 있습니다

우리가 일상생활을 영위하거나 인체를 유지하는 데는 의식과 무의식이 함께 작용합니다. 의식은 주로 우리가 활동하는 낮 동안에 모든 환경정보를 받아들여 취합하고 판단해서 즉각적인 반응과 행동을 선택합니다. 이어서 신경과 근육, 신경전달물질을 통해 손과 발에 대응을 지시하여 인체의 보전과 유지에 관여합니다. 단, 낮잠을 자는 시간 등은 예외입니다. 이때는 무의식이 의식 대신 인체의 유지를 맡아 활동하기 때문입니다. 밤이나 낮이나 환경정보에 노출되고 상황파악과 판단이 필요할 때에는 의식이 활동하여 인체를 유지합니다. 무의식은 주로 의식이 쉬는 시간, 즉 낮이든 밤이든 수면을 취하는 동안에 두드러지게 활동하여 인체를 유지합니다.

밤이나 낮이나 환경정보에 노출되고 상황파악과 판단이 필요할 때에는 의식이 작용하지만, 비교적 환경이 안정된 상태에서는 의식이 쉬고 무의식이 전면에 나서서 최소한의 인체 보전과 유지기능을 담당합니다. 즉 밤이라도 활동을 하면 의식의 지배를 받고, 낮이라도 의식이 손을 놓으면 바로 무의식이 인체 유지 활동을 지속하게 합니다.

이 말의 의미를 다르게 표현하면, 무의식은 의식이 작용하는 시간에도 같이 활동한다는 뜻입니다. 결론적으로 의식은 쉬는 시간이 필요하지만, 무의식은 24시간 끊임없이 우리를 위해서 활동하고 있습니다.

우리의 의식세계는 정보처리 용량이 제한되어 있어서 한 번에 하나의 정보만 처리할 수 있습니다. 이로 인해 정보처리 속도도 다소 느릴 수 있습니다. 좀 더 자세히 알아보면, 좌뇌는 세밀하고 정확한 정보를 다루는데 능숙하여 분석과 판단에 더 많은 시간이 필요할 수도 있습니다. 물론 순간적인 판단이나 직관적인 판단도 있지만, 이러한 것은 주로 우뇌의 활동에 기인하다고 볼 수 있습니다.

3

마음이 만듭니다

편안한 내면 상태가 필요한 이유

NLP 심리학에서는 감각신경을 통해 들어오는 환경정보를 표상체계라는 개념으로 총칭하며, 시각, 청각, 체감각으로 나누는데 이중 시각이 가장 빨리 접수합니다. 그 다음 청각이 들어오고 가장 나중에 체감각이 작동합니다. 그래서 편하게 큰 혼란 없이 사물이나 현상에 대한 정보를 받아들이고 인지합니다.

그런데 때때로 이 정보 접수체계가 이상을 일으키거나 인지적 왜곡이 일어나면 의식은 정보를 제대로 다룰 수 없거나, 감당할 수 없어서 당황하고 혼란을 느끼며 나아가서는 기절까지 합니다. 이러한 것들이 우리가 흔히 말하는 패닉 상태나 트라우마와 같은 병리적 현상입니다.

일반적으로 불안, 두려움, 분노, 질투, 의기소침, 우울 등 부정적 내면 상태가 되면, 아무래도 정보를 있는 그대로 접수하고 차분하게 분석하여 대응하기 어려워집니다. 그런 상태에서는 자연스럽게 부정적 감정 상태로 흘러 인지의 왜곡이나 편견, 고집, 의도적 무시, 비정상적 편집 현상이 일어나면서 정상적인 정보처리가 불가능해집니다.

더욱이 어떤 상황에 대하여 사전의 시뮬레이션이나 예측과 대비가 없으면 더욱 당황하게 되고 혼란스러워집니다. 심지어 패닉이나 공황 상태에 빠집니다. 우리가 흔히 말하는 '갑자기, 느닷없이' 등이 여기에 따라오는 표현입니다. 그러므로 우리는 무엇을 하든지 뇌가 정보를 차분히 처리할 수 있도록 편안한 내면 상태, 외부 환경, 신체조건을 확보해 둘 필요가 있습니다. 이러한 뇌의 원리를 이용한 NLP 심리학의 치료, 기법으로는 기성 체험기법이나 미래 선행체험 기법 등이 있습니다.

의식이 생리를 지배합니다

우리의 의식은 내면 세계를 언어개념을 이용하여 의식과 무의식의 언행으로 외부로 표현합니다. 우리의 의식(내면 상태)의 상태, 사용하는 언어, 하고 있는 생각에 따라 외부에 나타나는 우리의 모습은 다르게 나타납니다.

로버트 딜츠 박사가 개발한 NLP 기법인 신경 논리 차원Neuro Logical Level에서는 인간의 의식을 '영성 → 자아정체성 → 신념 → 가치관' 같은 상위 차원의 수준과 '능력 → 행동 → 환경' 같은 하위 차원의 수준으로 나눕니다. 가장 상위인 영성은 우주나 자연 그 자체이므로 영향을 받을 다른 상위 차원이 없고, 다른 하위 차원에 영향을 미치기만 합니다.

가장 하위인 환경은 더 아래의 차원이 없습니다. 따라서 행동의 영향을 직접적으로 받지만 다른 상위 차원의 영향도 받습니다. 그렇다면 심신 양면으로 이루어진 인간에게는 무엇이 상위 차원일까요? 아무래도 의식(내면세계 → 마음의 지도)이 신체에 더 강하게 영향을 미칩니다. 그래서 의식 상태(생각)에 어울리는 언행으로 외부에 반응합니다. 그리고 우리는 외부로 나타난 그 사람의 언행을 보고 반응합니다.

그래서 우리는 현실이 아닌, 자신이 그린 마음의 지도에 반응하고 행동합니다. 그러므로 심리 치료적 관점에서 상담자는 내담자로 하여금 항상 긍정적인 마음의 지도 즉, 의식과 마음 상태와 생각을 만들어 낼 수 있는 방향을 이끌어 주는 것이 필요합니다.

불교의 말씀 중에 '일체유심조一切唯心造'라는 말이 있는데, '모든 것은 마음이 만들어 낸다'는 뜻입니다. 다시 말하면 우리의 의식적인 내면 상태가 무의식이 담당하는 생리 상태를 지배한다는 뜻입니다.

무의식은 오직 의식의 지시와 명령에 따를 뿐 독자적인 판단이나 지향을 갖지 못합니다. 예를 들면, 내면의 마음 상태가 기쁘면 표정이나 신체 상태가 위축되지 않고, 내면이 우울하거나 가라앉아 있으면 외면에 활력이나 의욕을 표출하지 못합니다. 만일 우리의 내적 상태와 외적 반응, 그리고 행동이 다르게 나타나면 바로 표현으로 나타납니다. 이런 외부적 표현으로 내면 상태를 파악하는 심리치료 기법이 관찰식별기법calibration이기도 합니다. 외적 표현을 바르게 하고자 한다면, NLP 심리학을 활용하여 항상 긍정적인 의식 상태와 내면 상태를 확보해야 합니다.

우리의 심리치료는 결국 뇌의 좌뇌와 우뇌, 그리고 의식과 무의식의 세계로 이루어진 마음의 지도가 매우 중요하고 그것을 실제적인 원리로 설명하려면 뇌의 특징에 대한 관찰과 성격, 지식이 필요합니다. 그 원리에 입각하여 부정적 신념을 긍정적으로 변화시키는 기법을 개발해야 합니다.

무엇보다도 우리 마음의 상태는 신체의 상태에 영향을 미치기 때문에 앞으로 보다 효율적인 심리치료나 상담을 위해서는 좀 더 정교한 뇌과학에 대한 연구와 검토가 필요합니다. 우리 뇌의 특성에 대한 관심과 연구는 계속해서 진행되어야 하며, 이를 통해 더 건강한 몸과 마음의 변화를 이루어내는 진정한 행복의 상태를 실현할 수 있을 것입니다.

4

지금 뇌에서 벌어지고 있는 일들

심리치료의 새로운 지평이 열리다

최근 상담과 심리치료의 새로운 변화로 상담기법의 개발과 좀 더 심층적인 인간의 마음 탐구에 대한 관심이 증가하고 있습니다. 인간의 마음의 실체가 무엇이며, 그것을 통제하고 조절하면서 개인 스스로 마음의 행복을 위해서는 어떤 노력을 해야 도달할 수 있는지가 궁극적인 목표점입니다.

이러한 시대적 요구와 상담에 관심을 가지고 현실에 적용하거나, 실제로 상담을 하고 있는 전문가 입장에서는 꼭 알고 싶어지는 신비의 영역이기도 합니다. 다행히 이 문제에 접근하려는 시도는 이전보다 다방면에서 적극적으로 이루어지고 있습니다. 심리학의 인문학적 이론에 더해서 이제는 생물학적, 신경과학과 뇌과학이 접목

되어 객관적인 많은 성과를 가져오고 있습니다.

그동안 우리의 무의식에서 이론적으로만 전개해 오던 학문에 좀 더 실증적인 노력이 더해져, 마음에 대한 이해가 훨씬 더 수월해지면서 상담 효과도 상당한 진전을 보였습니다.

이러한 바탕 위에서 정신건강의 바로미터라고 할 수 있는 몸과 마음의 면역과 관련한 스트레스에 대한 이해의 수준도 높아져서, 심리치료의 새로운 지평이 열려가고 있음은 정말 기대할 일입니다. 여기에서는 마음에 대한 이해를 돕기 위해 정신과학 분야와 스트레스에 관하여 알아보겠습니다.

뇌 구조와 특징

뇌 특히 성인의 뇌는 860억 개의 뉴런이라고 하는 신경세포로 이루어져 있으며, 각각의 뉴런은 15,000개의 연결(시냅스)로 이루어져 있습니다. 그리고 우리 뇌의 무게는 자신 체중의 2퍼센트에 불과하지만, 심장으로부터 나오는 전체 혈액 중 15퍼센트를 받아들입니다.

또한 뇌는 우리 몸의 신진대사가 필요로 하는 산소 중 20~25퍼센트를 차지하고, 그 열량은 하루에 500칼로리에 해당하는 수치입니다. 뇌가 신체 중에서 이렇게 많은 신진대사가 이루어지는 가장 큰 이유는 기본적인 생존의 구조에 관여하는 기관이기 때문입니다.

즉 뇌는 몸의 체온과 수분, 산성도, 혈압, 호르몬 분비, 몸의 자세와 균형, 그리고 움직임을 주관합니다. 동시에 정신영역에 있어서 고차원적 사고 즉, 모든 계획의 수립과 의사결정에 관여하고 사회적 관계 및 감정을 통제하는 중요한 기능을 담당합니다.

뇌는 약 25세까지 성장을 지속합니다. 특히 뇌에서 전두엽 아래에 있는 뇌량이라고 하는 부분의 아래와 위 조직은 하나로 뭉쳐져 있는데, 심리학에서 흔히 말하는 '감정의 뇌'라고 하는 강력한 시스템인 변연계가 자리하고 있습니다. 이러한 변연계에는 해마와 같은 '사고하는 피질'과 더불어 시상하부, 편도체, 시상과 같은 깊고 원초적인 조직을 포함하고 있습니다. 특히 변연계의 조직에 속하는 시상하부는 뇌의 중요한 통제센터로서 호르몬과 성적 행동, 혈압과 체온, 배고픔과 갈증을 관장합니다.

그리고 변연계에서 가장 중요한 조직 중 하나인 '편도체'는 우리 몸의 강력한 '분노 감정'인 화난 감정과 두려움, 걱정과 스트레스를 관장하고 있습니다.

시상은 뇌로 유입되는 모든 감각정보 즉 시각 이미지와 촉각(통증도 포함), 몸의 온도 등을 담당하고 있습니다. 그리하여 시상은 우리의 몸속과 주변 상황을 분석하고 파악하여 몸에 신호를 보내주고 있으며, 몸의 각 부분의 정보에 반응해 주는 기능을 합니다.

변연계는 뇌에서 감정반응 뇌라고 일컬어지고 있으며, 그 이유는 우리 자신의 생존과 자기보호 기능을 하고 있기 때문입니다. 동시에 변연계는 뇌가 몸의 나머지 부분과 연결되어 강력한 신체적 반응을 촉발해서 몸 전체로 전달하는 기능을 합니다.

우리가 때로는 자신이 한 행동을 올바르게 설명하지 못하거나 이해하지 못하는 경우, 그리고 분노나 두려움과 같은 불안한 감정으로 자신의 행동을 통제하지 못하는 경우, 그리고 사랑하거나 미워하거나 즐기는 등의 다양한 감정들이 변연계에서 일어나는 현상입니다. 이러한 변연계는 전두엽에 저장되어 있는 학습된 혹은 본능적인 사회적 가치의 지배와 통제를 받습니다.

다음으로 뇌와 몸을 연결하는 관, 즉 척수에 대해 알아보겠습니다. 척수는 뇌에서 기능적으로 가장 발달한 부분이며, 삶을 지탱해 주는 무의식적 메시지를 주고받는 일종의 고속도로와 같습니다. 척수는 우리의 몸에서 발생하는 모든 정보를 뇌 신경과 시상을 거쳐 뇌로 전달합니다. 여기에서의 시상은 피질 하부에 자리 잡은 대단히 강력한 배전반의 기능을 합니다.

이와는 반대로 뇌 역시 신체에 메시지를 전달합니다. 이처럼 중요한 상호통제 경로가 없다면 정상적인 일상생활은 불가능할 것입니다. 그래서 우리는 늘 뇌 건강을 중요시해야 합니다.

뇌의 주요 기능

뇌는 심리적인 모든 기능의 주체적 역할을 수행하며, 정상적인 신체와 심리 상태를 유지하는 데 중요한 역할을 합니다. 우리가 심신이 건강하다고 말할 때, 주변의 변화하는 물리적, 정서적, 사회적 압력에 대처하고 관리하는 능력을 효과적으로 발휘하는 상태로 이해하는 것이 일반적입니다. 따라서 현재의 시점에서 뇌 건강 유지는 뇌의 핵심 기능인 인지, 감정 조절, 행동 제어를 효과적으로 수행하는 것과 관련이 있습니다.

뇌는 크게 세 가지 기능을 담당합니다.

첫째, 관리 기능입니다. 이 기능은 우리의 의사결정, 문제해결, 추론, 학습 및 기억을 관리하는 역할을 합니다.

둘째, 활발한 교류 기능입니다. 이 기능은 신경과학자들이 사회인지기능이라고 주장하는 것입니다. 사회인지기능은 뇌가 다른 사람과 사회적 상황에 대한 정보를 처리, 저장, 활용하는 방식을 말합니다.

셋째, 감정적 균형과 행복을 유지하는 기능입니다.

건강한 뇌 상태에서는 다른 사람의 감정을 읽고 이해하는 것과 자신의 감정을 효과적으로 조절하는 것은 서로 다른 문제로 인식합니다. 이를 위해 뇌 건강을 유지하려면 평정심을 유지하는 것이 중요합니다. 구체적으로는 감정이 행동을 지배하도록 내버려두지 않고, 감정을 이해하고 받아들이는 방식으로 우리는 완벽한 정서적 균형을 유지할 수 있습니다. 이를 통해 행복을 누릴 수 있습니다.

5

기억은 의미 순입니다

기억의 저장과 출력방식

오늘날 신경과학자들은 신경심리학 테스트를 통해 인지능력 혹은 '사고기술'을 추적할 수 있다고 말합니다. 그리고 인간은 이미 20대 중반부터 '공간' 능력이 점차 약해지기 시작합니다. 기억과 사고능력은 30대 초반부터 서서히 감소하기 시작하며, 정보처리 속도는 30대 중반부터 느려집니다. 이러한 변화는 초기에는 미미하지만, 시간이 경과할수록 누적되고, '망각의 순간'이 시작되는 50세를 넘으면 더 뚜렷하게 나타납니다.

또한 뇌의 노화속도는 젊은 시절부터 폐와 심장, 간, 신장 및 면역체계와 같은 다른 신체 시스템의 노화와 밀접한 관련이 있다고 알려져 있습니다. 심리적 건강을 유지하기 위해서는 자신의 기억을 유지하는데 많은 관심을 기울여야 합니다. 기억은 신체 건강과 마찬가지로 중요한 역할을 수행하기 때문입니다.

　뇌는 주로 단기 기억을 활용하여 현재 읽는 내용을 이해하고, 그것이 우리의 장기 기억에 영향을 미칩니다. 단기 기억은 일시적으로 정보를 유지하는 능력이며, 이를 통해 우리는 문장을 완성하고 상황을 이해합니다. 그리고 장기 기억은 오랫동안 정보를 보관하고, 우리의 성격과 삶의 기반이 됩니다. 이러한 방식으로 뇌는 생존과 필요한 정보에 집중하여 발전해 왔습니다.

　우리의 기억은 전반적으로 감정적 기준에 근간을 두고 구성되어 있습니다. 즉, 우리에게 보상을 주고 중요시하는 요소들이 기억에 영향을 미칩니다. 예를 들어, 우리가 경험한 즐거운 순간이나 감동적인 사건은 우리에게 보상을 주는 경험으로 기억에 남을 가능성이 높습니다. 반면에 불쾌한 경험이나 고통스러운 사건은 우리에게 경고 신호를 주는 역할을 하며, 이러한 기억들도 우리의 행동과 선택에 영향을 미칠 수 있습니다. 따라서 우리의 감정과 기억은 서로 긴밀한 관련을 가지고 있으며, 이는 경험을 통해 세상을 이해하고 향상시키는 데에 중요한 역할을 합니다.

'안면인식장애'는 어떤 의미가 있는가?

일상에서 우리는 종종 '안면인식장애'라고 불리는 현상을 경험합니다. 이는 얼굴을 보면 알아볼 수 있지만, 그 사람의 이름을 바로 기억하지 못하는 현상을 말합니다. 이러한 현상에 대한 신경과학 이론은 이름이 우리에게 중요한 의미를 전달하지 않기 때문에 발생한다고 설명합니다. 얼굴은 의미를 전달하고 이야기를 들려주며 우리의 기억을 자극하지만, 이름 그 자체로는 아무런 이야기도 전달하지 않습니다. 게다가 단기 기억은 의미 없는 정보를 쉽게 잊어버립니다. 따라서 우리가 일상에서 경험하는 망각 현상을 '기억을 잃어버리고 있다'라고 이해하는 것은 올바른 해석이 아닙니다.

오늘날 신경과학은 뇌의 특징을 설명하기 위해 '뇌가소성'이라는 용어를 사용합니다. 뇌가소성은 새로운 도전과제에 대처하기 위해 뇌가 구조적이고 생리적인 변화를 수행하는 특별한 능력을 의미합니다. 이 뇌가소성 덕분에 우리는 경험을 통해 적응하고 반응할 수 있습니다. 뇌가소성은 시냅스 변화와 새로운 뇌세포의 성장을 통해 가능해지는데, 이는 우리 뇌의 내재한 특성으로서 뇌 기능을 유지하는 핵심적인 역할을 합니다.

6

스트레스가 우리 몸과 마음을 힘들게 하고 있습니다

얼마나 지속되는가?

스트레스를 겪지 않은 사람은 없습니다. 삶은 도전의 연속이기에 스트레스는 피할 수 없습니다. 우리는 스트레스라고 하면 나쁜 것으로만 생각하기 쉬운데 스트레스가 무조건 나쁜 것은 아닙니다. 단지 스트레스로 인한 문제를 자주 접하다보니 나쁜 것으로 생각할 뿐입니다. 일시적인 스트레스는 우리를 위협으로부터 보호하고 도전과제에 대처할 수 있는 능력을 갖도록 도와줍니다. 물론 장기간에 걸친 스트레스는 신체와 마음에 부정적인 영향을 미칠 수 있습니다. 그래서 스트레스는 얼마동안 지속되는지를 중요하게 봐야 합니다.

상담 과정에서 스트레스 문제를 겪고 있는 분들을 만나는 것은 흔한 일입니다. 내담자 중 심리적인 압박이나 위험한 상태가 끝난 다음에도 지속해서 스트레스 반응을 보이는 경우가 있습니다. 이러한 장기적인 스트레스 반응은 불안으로 나타납니다. 즉, 스트레스 반응체계가 부적절하게 활성화되어 불안장애가 발생하는 것입니다. 불안장애는 스트레스 반응체계로 인하여 자동적으로 발생하기 때문에, 흔히 자동적 또는 자가 스트레스장애라고도 명명합니다. 이러한 현상은 우리 몸을 보호하는 대신에 몸을 공격하여 면역체계를 무너뜨리는 자가면역질환과 같이, 스트레스 반응체계가 자아를 보호하는 대신 공격하는 것으로 바꾸어 버립니다. 약간의 스트레스는 불안 상황으로 변하지 않습니다. 장기적인 스트레스가 이런 불안 상황으로 나타납니다.

알로스테시스

뇌의 편도체는 여러 가지 기능을 합니다. 편도체의 기본적인 기능은 정서를 형성하는 것입니다. 동시에 편도체는 뇌의 적절한 탐지기능을 수행하고, 위험 상황이 존재하면 우리에게 경고의 메시지를 보냅니다. 그러나 불안장애로 고통받는 사람들은 아무런 위험 상황이 존재하지 않음에도 불구하고 편도체가 끊임없이 위험신호를 보내며 불안에 떨게 합니다.

편도체는 정서를 기반으로 하는 암묵기억 체계를 관장합니다. 그래서 공포감을 자주 느끼는 내담자는 이유없는 공포감을 지속해서 느낍니다. 하지만 심리치료 상황에서 훈련을 통하여 편도체의 공포 반응을 체감할 수 있습니다.

신경과학에서는 '정서 비대칭'이란 용어를 사용하는데, 뇌의 우측 편도체가 더 활성화되면 불안해지고, 불안한 기억이 더 많이 떠오르고, 반대로 좌측 편도체가 더 활성화되면 불안이 줄어들고 긍정적인 기억이 더 많이 떠오르는 현상을 말합니다.

오늘날 스트레스에 대한 신체적인 대응 메커니즘을 설명하는 용어로 '알로스테시스'라는 모델이 있습니다. 이 모델은 스트레스 상황에서 '뇌 - 신경 - 내분비 시스템'이 상호작용하여 활성화되는 과정을 말합니다. 알로스테시스는 환경적인 스트레스 요인에 대응하기 위해 신체가 조절적인 변화를 통해 내부 균형을 유지하려는 과정을 의미합니다. '일상에서 겪는 스트레스와 도전의 주기적인 변화 및 변화를 통한 안정성 추구'라는 의미로 사용합니다.

일반적으로 스트레스 상황이 되면 자가 스트레스장애가 발생하지만, 경미한 스트레스는 사람들이 방심하지 않고 집중을 유지하는데 도움을 줍니다. 스트레스 호르몬인 코르티솔 수치가 적당한 상태에서 변동이 있으면, 문제를 해결하는데 도움을 줄 수 있습니다.

스트레스 상황이 지속해서 상승하면 노르에피네프린 호르몬의 수치가 상승합니다. 그리고 부신피질자극 호르몬 분비 호르몬과 코르티솔 및 노르에피네프린이 동시에 상승하면, 편도체가 과잉 활성화되어 전전두엽의 영역을 방해하기 때문에 주의집중과 작업기억에 문제와 장애를 발생시킵니다.

만성 스트레스의 공격

일반적으로 만성적인 스트레스는 장기간에 걸쳐 매우 충격적인 상황을 경험하는 경우에 스트레스 회로를 지속해서 활성화되게 합니다. 스트레스 강도가 높은 내담자들은 종종 자신에게 왜 다양한 신체적인 문제가 나타나는지 이해하기 어려워합니다. 이는 스트레스가 신체 전반에 영향을 미치기 때문입니다.

스트레스 상황에서 우리 몸은 스트레스 호르몬인 코르티솔을 분비합니다. 코르티솔은 긴장 상태를 유지하고 신체의 대응 메커니즘을 활성화시킵니다. 그러나 과도한 코르티솔 분비는 부정적인 영향을 미칠 수 있습니다.

코르티솔은 소화, 면역기능, 생식계 등과 같은 신체의 다양한 기능을 조절하는 데 영향을 줍니다. 만약 스트레스 반응이 계속되고 코르티솔이 지나치게 분비된다면, 소화 문제, 면역력 저하, 생식기능 이상 등과 같은 신체적인 문제가 발생할 수 있습니다. 이는 스트레스가 우리의 신체에 대한 영향을 멈추게 하고, 신체기능을 방해하는 결과를 가져올 수 있음을 의미합니다. 특히 만성적인 우울에 시달리는 여성은 코르티솔 수치가 증가되었고, 골밀도는 감소했습니다. 코르티솔은 스트레스 상황에서 성행위와 생식기에 영향을 미치는 생식계통을 억제할 수 있습니다. 스트레스 반응은 우리 몸의 생존에 집중하기 위해 다른 생리적 기능들을 제한시키는 경향이 있습니다. 이는 생식기관에도 영향을 미치며, 코르티솔의 과도한 분비는 생식기능 저하를 초래할 수 있습니다.

코르티솔은 여성에서는 생리 주기의 불규칙성이나 생리 불순, 남성에서는 성욕 저하와 성적인 기능 저하와 연관될 수 있습니다. 또한 코르티솔의 높은 수준은 성호르몬의 분비를 억제할 수 있으며, 생식기능의 일시적인 저하나 장기적인 문제를 야기할 수 있습니다.

결론적으로 만성적인 스트레스는 우울증을 포함한 다양한 신경정신질환과 관련이 있을 수 있습니다. 스트레스는 신경전달물질과 호르몬의 분비를 조절하는 신경전달체계에 영향을 미쳐 정신적인 문제를 일으킬 수 있습니다.

다지지 않고
행복할 권리

NLP 심리학, 학교에 가다 제3장

1

두려움을 주는 학생에게

눈에 대한 접근 단서Eye Accessing Cue

신체 반응 중 눈의 반응은 '감정의 지표'에 해당합니다. 에드워드 홀은 눈의 반응은 사람들에게 숨길 수 없어서 아랍의 보석상인들은 색안경을 끼고 마음의 내적인 동요를 상대에게 보여주지 않았다고 했습니다. 심리학자인 다고 아키라는 '시각은 오감의 왕입니다'라고 했습니다. 시카고대학교의 에카드 헤스 교수는 '눈의 움직임은 그 사람의 내적 자극을 반영하고 표현하는 강렬한 지표라고 했습니다. 또 존 라발 교수는 눈동자 접근 단서가 80~85퍼센트의 정확도를 보인다고 주장했습니다.

사람의 눈동자 움직임과 시선은 말하지 않은 내적인 정보를 나타낼 수 있습니다. 눈을 감고 조용히 이해해 보는 것은 사람의 내면적인 감정과 상호작용하는 접근 방법입니다. 시선의 방향과 움직임, 눈의 깜빡임, 동공의 크기 변화 등은 사람이 생각하고 대화할 때 내면적으로 작용하는 단서를 제공할 수 있습니다. 이러한 눈의 움직임을 관찰하고 해석하는 것은 상대방의 내적인 상태를 이해하고 의사소통에 도움을 주는 방법입니다. 드라마나 일상생활에서 눈의 움직임은 감정의 변화나 행동의 의도를 나타낼 수 있습니다. 다음의 모습들을 눈을 감고 조용히 이해해 봅니다.

- 눈동자를 고정하지 않고 움직이면 상상력이 풍부해집니다.
- 눈이나 청력에 맞는 단어를 사용합니다.
- 마음이 흔들릴 때는 눈이 흔들립니다.

눈동자는 무엇을 나타내는가?
- 눈동자가 우상향일 때 − 시각적 상상을 구성합니다.
- 눈동자가 좌상향일 때 − 시각적 심상을 구성합니다.
- 눈동자가 우측으로 수평일 때 − 청각적 심상을 구성합니다.
- 눈동자가 좌측으로 수평일 때 − 청각적 심상을 구성합니다(과거).
- 눈동자가 우하향일 때 − 촉각적 심상을 기억합니다.
- 눈동자가 좌하향일 때 − 내적 대화를 구성합니다.
- 눈동자가 정면을 똑바로 쳐다볼 때 − 자신의 내적 심상을 분석하거나 판단합니다.

눈은 마음의 창입니다. 공자는 사람 마음의 선악을 판단하는 기준은 눈이라고 했습니다. 그리스 신화에 나오는 메두사가 한번만 보아도 사람을 돌이 되게 하는 힘이 있다는 말은 눈의 위력을 신화한 것입니다. 사람을 20분간 마주 보면 상대에 대한 느낌이 새롭게 다가옵니다. 그리고 친밀감이 느껴집니다.

눈동자 접근단서 실습

상담자는 내담자에게 다음의 지문을 읽어주고 내담자의 눈동자 방향을 확인해 봅니다.

1) 과거에 경험했던 시각적 이미지를 알아보는 질문하기
① 학생의 방에 있는 벽지는 무슨 색깔인지 기억해 봅니다.
② 학생이 다녔던 중학교의 교복과 건물을 기억해 봅니다.
③ 학생이 갔던 노래방을 기억해 봅니다.
④ 학생이 최근에 보았던 영화나 드라마 중에서 명장면을 기억해 봅니다.

2) 상상하여 만든 시각적 이미지를 찾게 하는 질문하기
① 학생이 머리를 빨강, 노랑, 보라, 녹색으로 염색하면 어떨까요?
② 학생이 흰색에 빨간 줄무늬가 있는 셔츠를 입는다면 어떨까요?
③ 영화배우 현빈이 빨간 비키니 수영복을 입고 텔레비전에 나온다면 어떨

까요?

④ 학생이 머물고 있는 호텔방에서 바닷가가 보인다면 어떨까요?

3) 과거에 경험했던 청각적 질문을 하고 눈의 접근 단서를 확인하는 관찰하기

① 학생이 가장 좋아하는 노래는 무엇인가요?

② 작년에 학생이 담임선생님에게서 들었던 가장 좋았던 칭찬은 무엇인가요?

③ 어머니의 따스한 목소리를 떠올려 봅니다.

④ '월드컵축구' 중계를 했던 아나운서나 해설자의 목소리를 기억해 봅니다.

4) 상상 속에 경험했던 청각적 질문을 하고 눈의 접근 단서를 확인하는 관찰하기

① 내년 생일에 친구들이 축가를 불러준다면 어떨까요?

② 지금 여기에 있는 사람들이 모두 큰소리로 괴성을 지른다면 어떨까요?

③ 아프리카 여행을 가서 원주민들을 만나게 되면 어떤 소리가 들릴까요?

5) 마음속의 대화를 유도하는 질문을 하고 눈의 접근 단서를 확인하는 관찰하기

① 학생이 학교에서 어떤 일로 인해 굉장히 실망하거나 절망하게 된다면 자신에게 무슨 말을 할까요?

② 학생이 학교에서 중간고사 성적을 올리는데 성공했다면 자신에게 무슨

말을 할까요?

③ 학생이 기쁠 때는 자신에게 무슨 이야기를 할까요?(예: 응. 대박이야!)

④ '내가 미쳤구나, 왜 그런 말을 했지?'라고 자신에게 말해 봅니다.

6) 몸에 느끼는 촉각을 느끼는 질문, 느낌, 냄새, 맛 등

① 차가운 냇물에 발을 담그면 어떤 느낌이 들까요?

② 강아지를 쓰다듬었을 때 어떤 감촉이 느껴지나요?

③ 오른손과 왼손 중 어느 쪽이 더 따뜻할까요?

④ 봄날에 창틈으로 들어오는 햇빛의 따스함은 어떤 느낌인가요?

⑤ 온천물에 들어갈 때 느낌은 어떤가요?

두려움을 주는 학생들을 위한 치료법Reframing : 생각의 틀을 바꾸어 보기

학교에서 지나치게 친구들과 어울리는 것이 두렵고 선생님도 무서워서 제대로 쳐다보지도 못하는 학생들이 종종 있습니다. 대부분의 상담 선생님들조차도 사회성이 부족하거나 또는 인간관계 능력이 선천적으로 부족하다고 성급하게 단정할 수도 있습니다. 그러면 그 학생은 학교에서 외톨이가 되거나 친구로부터 폭력을 당하는 등 어려움을 겪기도 합니다.

사람이 위축되고 두려울 때는 그렇지 않다는 상상만으로 효과가

있는지 의문을 품게 됩니다. 긍정적 발상과 마음의 틀, 즉 지도를 바꾸는 것은 다릅니다. 긍정적 발상은 현실을 무시하거나 부정하는 것이라고 볼 수 있습니다. 이것은 단순히 '근거없이 잘될 것입니다. 실패는 성공의 어머니입니다' 등의 말들은 맞지만 예측 불가능하고 근거없는 신념으로서 위험한 발상이 될 수 있습니다.

마음의 틀을 바꾸는 방법

첫째, 마음속으로 나의 이미지를 현재보다 훨씬 크게 바꾸어 봅니다.

내담자 학생이 친구 앞에서 위축이 되는 모습이 되었을 때 자신의 하위감각 예컨대 몸의 크기, 옷 색깔, 눈동자 등을 이용하여 자신을 상대방보다 크게 만들어 봅니다. 마치 '걸리버여행기'에 나오는 '나'를 주인공으로 하여 크게 확대를 하면 상대가 아무리 혀로 날카로운 화살을 날려도 무섭지 않습니다. 나를 거인으로 크게 만들고 상대를 좁쌀만큼 작게 만듭니다. 물론 나와 주변 상황과 조화를 이루면서 진행되어야 합니다.

괴롭히는 상대가 눈앞에 없어도 불안을 느끼는 사람이 있습니다. 위축된 마음으로 상대를 대하면 악순환의 고리를 끊기가 어렵습니다. 나의 이미지를 바꾸면 마음의 정서에 변화가 나타납니다. 학교폭력이나 왕따를 당한 학생에게 사용할 수 있는 기법입니다.

둘째, 상대의 이미지를 바꾸어 봅니다.

자신을 두렵게 하는 상대를 우스꽝스럽게 대체합니다. 싫어하는 대상을 자신이 마음대로 조작할 수 있는 인형이나 장난감 또는 애완동물로 대체하여 상상을 합니다. 이 방법은 평화로운 상황에서 상대를 이런 식으로 보면 윤리적으로 문제가 있겠지만 생존이 걸린 전쟁의 상황에서 용기가 필요한 방법이기도 합니다.

이것 외에도 상대방의 모습과 목소리를 변화시켜 봅니다. 그리하여 상대를 조종할 수 있는 이미지로 바꾸어 봅니다. 이렇게 해서 두려움의 느낌이 어떻게 되는가를 관찰합니다. 시각, 청각, 촉각 등 하위 감각을 바꾸고 변화를 주면 내 마음의 정서도 바뀝니다. 주변 환경과 상대를 만나 위축이 심하게 된다면 이 방법을 사용합니다.

지금까지 마음의 창에 대해 알아봄으로써 마음의 비언어적인 상황을 인식하여 깊은 내면을 이해하는 눈의 접근 단서에 대해 이해하게 되었습니다. 눈의 움직임은 그 자체로 몸과 마음의 상태를 정확하게 나타내므로 수천 년 전부터 눈동자의 모습은 심리학과 의학의 진단 수단으로 사용되어 왔습니다. 얼굴의 표정은 마음대로 조절할 수 있지만, 몸과 마음의 진실된 상태를 나타내는 눈동자만큼 인위적으로 조절하기가 불가능합니다. 그러므로 눈동자의 모습을 보고 내면의 마음 읽기 연습을 한다면, 사춘기 학생들의 감추어진 내면에 대해 공감하고 경청하는데 커다란 도움이 될 것입니다.

2

당신을 지지합니다

학교에서 진행되는 다양한 상담 과정은 여러 가지 기법과 전문 상담사의 특별한 경험이 조화롭게 결합되어 다양한 심리적인 치유가 이루어지고 있을 것입니다. 상담 시에는 특히 1회기 상담이 매우 중요하며, 주로 초기 면접 단계에서 시간을 많이 할애하는 경향도 있습니다.

그리고 학교생활은 교사나 학생들이 바쁘게 움직이는 일상 속에서, 1회기 상담에서 신속하게 심리적 탐색 과정을 시작하는 것이 필요합니다. 특히 학생들은 단기 상담을 선호하기 때문에 1회기 탐색의 중요성은 그 어느 때보다도 더욱 커지고 있습니다.

탐색 과정

일반적으로 심리적 탐색 과정은 내담자가 '자기의 목표와 욕구를 깨닫는 것'이라고 할 수 있습니다. 탐색은 내담자에게 필요한 정보를 얻거나, 내담자의 욕구를 파악하여 핵심신념을 알고 내담자가 필요한 것이 무엇이며 채워져야 할 것이 무엇인가를 알아보는 것입니다. 이 과정에서는 무엇보다도 상담자의 통찰이 많이 필요한 단계입니다.

우선 상담자는 내담자의 이야기를 주의하여 듣는 것으로 내담자의 심리 상태를 분석하고 원하는 바를 먼저 알아차려야 합니다. 상담 과정에서 핵심이 되는 질문 방법은 다음과 같습니다.

- 내담자가 현재 원하는 것과 원하는 상황이 어떤 것입니까?
- 내담자가 간절히 바라는 것은 무엇입니까?
- 내담자는 요즘 어떤 생활을 하고 있습니까?

일반적으로 사람들은 어떤 문제에 직면하면 도움을 청하고 해결책을 찾아주길 바랍니다. 상담자는 1회기 탐색 과정에서 내담자에게 분명한 메시지를 전달해야 합니다. 즉, 모든 문제의 원인과 해결책은 내담자 자신에게 있다는 인식을 주어야 합니다. NLP 심리학에 나오는 다음과 같은 질문은 내담자가 자신의 내면을 강하게 바라보며, 새로운 심리적 선택을 하도록 도와줄 수 있습니다. '당신은 무엇을 바라고 있습니까?' 이 메시지 속에는 내담자가 '무엇이 되고 싶은지? 무엇을 갖고 싶은지? 어떤 상태로 삶이 바뀌길 원하는지?'에 대한 질문이 모두 포함되어 있습니다. 또한 '당신의 삶 속에서 당신이 하고 싶은 일을 가로막고 있는 것은 무엇입니까?'라는 질문을 통해 지금까지의 익숙한 삶의 방식을 벗어나 새로운 선택을 하도록 마음속의 자아를 이끌어 갈 수 있습니다. 정리해 보면 다음과 같습니다.

- 부모님이 나에게 정말로 바라는 것은 무엇입니까?
- 학생인 나 자신이 진정으로 바라는 것은 무엇입니까?
- 학생인 나에게 가장 바람직한 상태는 어떤 상태입니까?
- 학생인 나는 어떤 일을 하고 싶은 사람입니까?
- 나는 미래에 어떤 삶을 살고 싶어 합니까?
- 나의 깊은 마음속에서는 무엇을 바라고 있습니까?

상담자는 위의 내용을 바탕으로 내담자의 근원적 소망과 욕구를 충족시키기 위한 아이의 내면 변화의 목표를 세워야 합니다.

라포 형성하기

'라포Rapport'란 프랑스어로 '다리를 놓다'라는 뜻으로 두 사람 사이의 공감적 인간관계와 친밀도, 관계를 의미합니다. 이 말은 사람의 마음과 마음이 연결된 상태 혹은 마음이 통하는 상태나 함께 하는 상태를 말합니다. 여기에서의 공감은 내담자가 경험한 정서를 같이 경험하는 것을 의미하며, 동감이나 동정과는 다릅니다. 상담자는 내담자의 감정을 이해할 뿐 아니라, 내담자에게 말로 표현하여 전달해 주어야 합니다.

우리가 중요하게 생각하는 사람과 분리하기 위해서는 어느 정도 그들의 상처와 진정한 인간성을 이해하여야만 합니다. 우리는 모두 상처받고 슬프고 화난 사람이 아닌 부드럽고 사랑스러우며 이해심과 동정심이 많은 사람이었습니다. 자신의 힘과 보호를 위해 분노가 필요하지만, 분노가 만성적으로 되는 것을 원하지는 않습니다. 만약 우리가 계속 화난 상태에 머무른다면, 자신의 분노를 정당화하기 위해 상처와 슬픔을 계속 붙들고 있어야 할 것입니다. 그리고 그 분노를 자신과 친구, 사랑하는 사람, 형제자매, 아니면 주변에 있는 모든 대상을 향해 전가시킬 위험성이 있습니다. 만약 그것을 통제하려는 욕구를 내려놓으면 다른 사람에 대한 사랑도 깊어지고 정서적으로 공감을 할 수 있을 것입니다. 그리고 더욱 자신을 사랑하게 될 것입니다. 이렇게 하면 자신의 존재 자체를 받아들일 수 있습니다.

또 다른 의미로 공감이라는 것은 다른 사람의 경험을 존중하고 이해하는 것입니다. 그러기 위해서 우선 선입관과 판단을 버려야 합니다. 공감은 상대방이 자신의 감정을 충분히 표현하고 이해받았다고 느낄 수 있는 시간과 공간을 주는 것입니다. 공감을 방해하는 상담의 형태는 다음과 같습니다.

- 조언하기 : 내 생각에 너는 ~해야 하는데 왜 그렇게 하지 않았니?
- 한술 더 뜨기 : 그건 아무것도 아니야. 나에게는 그보다 더한 일도 있었단다.
- 가르치려 들기 : 너에게 그것은 좋은 경험이 될 거야.
- 위로하기 : 그건 네 잘못이 아니야.
- 다른 이야기 꺼내기 : 그 말을 들으니 생각나는데….
- 단정해 버리기 : 너무 나쁘게 생각하지 마.
- 동정하기 : 참 안됐다.
- 심문하기 : 언제부터 그랬어?
- 설명하기 : 내가 연락하려고 했는데….
- 정정하기 : 그건 그런 것이 아니라….

반영하기

일반적으로 반영이란 내담자에 의해서 표현된 태도, 감정을 새로운 용어로 정리해 주는 것입니다. 내담자의 말을 그대로 되풀이하거나 그 내용만을 반영하는 것이 아니라, 밑바탕에 흐르고 있는 감정을 파악하는 것이 중요합니다. 우리는 존재 자체를 그대로 받아들여야 합니다. 왜냐하면, 우리는 중요한 어떤 사람이 나를 쳐다보는 눈동자에 의해 자아가 형성되기 때문입니다. 즉 상대방이 거부한 우리의 모습은 자신 스스로도 거부하게 됩니다. 만약 어머니가 나의 존재를 거부하고 나를 원하지 않았다면 즉 반영해 주지 않았다면, 자신도 자신을 거부하게 됩니다. 그래서 우리는 공허감과 무가치함을 느끼게 됩니다. 상담자의 역할은 내담자의 현재 상태를 반영해 주는 것입니다. 상담자는 내담자의 삶의 세계에 들어가야 하고 그들이 자신의 세계를 볼 수 있도록 반영해 주어야 합니다. 상담자의 최고의 지원은 반영하기이며 감정반영의 예는 다음과 같습니다.

'학생의 입술이 떨리고 있네. 그래서 슬퍼 보이는구나.'
'울고 있구나…. 그리고 목소리에 약간의 분노가 묻어 있는 것 같네.'
'학생의 턱이 긴장되어 있고 이를 꽉 물고 있는 것을 보니 화가 많이 난 것 같구나.'

내담자의 감정을 반영해 줌으로써 내담자의 감정을 인정해 주는 것입니다. 훌륭한 마음의 지지자란 내담자가 자신의 감정을 현실적으로 경험하도록 돕는 사람입니다. 내담자가 자신의 모든 상처를 적은 후에 그것을 상담자에게 드러내고 지지자에게 인정받는 시간을 갖는 것은 매우 중요합니다.

NLP 심리학의 창시자인 리처드 밴들러와 존 그린더는 1970년대 당시에 유명한 심리치료사였던 프리츠 펄스, 버지니아 사티어, 밀턴 에릭슨 세 사람에 관하여 심리치료기법에 대한 광범위한 자료를 수집했습니다. 분석 결과 이 세 사람의 심리치료사들은 '반영하기'에 탁월했다는 사실을 발견했습니다. 이 심리치료사들은 사람들이 3가지 표상 체계 중 하나를 통하여 자신의 경험을 표현한다는 것을 이해했습니다.

어떤 사람들은 시각을 우선적으로 사용합니다. 이들은 주로 '보는 사람들'입니다. 어떤 사람들은 감각을 우선적으로 사용합니다. 이들은 '느끼는 사람들'입니다. 어떤 사람들은 청각을 우선적으로 사용합니다. 이들은 '듣는 사람들'입니다. 각 표상 체계들은 전형적인 속성을 갖습니다.

시각적 감각을 주로 사용하는 사람은 '내게 방법이 보입니다. 미래가 암담해 보입니다. 너는 왜 그렇게 시야가 좁니? 나는 한눈에 보이네' 등의 표현을 사용합니다. 이러한 내담자와 커뮤니케이션이 원활하려면 시각적 언어를 사용하여야 합니다. 촉각을 주로 사용하는 사람은 어떤 난관을 만났을 때 '맞서서 싸워봐. 네 말에 감동받았어. 우리가 같이 대화할 때 네가 심금을 울렸어' 등의 표현을 쓰는 경향이 있습니다. 청각을 주로 사용하는 사람들은 '그거 좋은 말로 들리는데. 종이 울려 퍼진다. 네 말을 못 알아듣겠어? 듣던 중 반가운 소리야' 등의 표현을 많이 씁니다. 예를 들어 '너랑은 코드가 맞지 않아'라고 한다면 그의 표상 체계는 청각적 언어입니다. 청각적인 사람들은 호흡이 깊습니다. 그 이유는 청각적 울림을 잘 전달하려면 생리적으로 복식호흡을 하게 되어 있기 때문입니다.

숨겨진 메시지 읽기(심리적 내면 정보수집)

심리적 내면 정보수집이란 상대방을 보고 상대방의 상태를 읽어내는 것을 말합니다. 그러므로 상담자는 주의를 기울여 관찰해야 합니다. 상대방의 동작, 호흡, 상태 등을 읽고 라포가 형성되어 있는지, 끊겨 있는지를 관찰하는 것입니다. 예를 들면 내담자가 화가 난 상태이면 얼굴은 빨갛게 되고 호흡은 거칠고 몸은 부들부들 떨면서 매우 흥분해 있거나 절망해 있는 상태라고 할 수 있습니다. 이 부분은 다음과 같이 실습을 해볼 수 있습니다.

① 두 사람이 편하게 앉아서 마주 봅니다. 한 사람에게는 자기에게 편한 사람을 떠올리게 합니다. 그리고 마주 앉은 사람은 그 표정, 호흡, 몸가짐을 관찰합니다.
② 관찰이 끝나면 불쾌한 느낌을 주는 사람과 함께 있다는 상상을 해봅니다. 그리고 같은 방법으로 표정, 호흡, 몸가짐을 관찰합니다. 눈동자의 시

선이 움직이는 상태, 뺨의 색깔, 입 언저리의 긴장감, 호흡의 빠르기, 가슴으로 숨 쉬는지, 배로 숨 쉬는지, 몸 전체는 안정되어 있는지, 아니면 초조해하는지'를 관찰하면서 숨겨진 메시지를 찾아봅니다. 표상 체계의 중요기능을 정리해 보면서 그 특징을 가지고 심리적 내면 정보를 수집한다면 더욱더 용이한 반응을 알아차릴 수 있을 것입니다.

1) 시각기능이 발달한 사람(V)

① 깔끔하여 정리정돈을 잘한다.

② 마음이 집중되지 않아 언어적 지시사항을 잘 기억하지 못하는 경향이 있다.

③ 말보다는 문서로 된 시각적인 자료를 좋아한다.

④ 미술, 그래픽, 건축, 패션 등

2) 청각기능이 발달한 사람(A)

① 독백을 많이 한다.

② 소리나 음악에 민감하고 잘 기억한다.

③ 수다스럽고, 귀가 얇으며, 소음을 싫어한다.

④ 문서보다는 말을 좋아한다.

⑤ 음악, 악기, 작곡, 방송, 연예인 등

3) 신체감각 기능이 발달한 사람(K)

① 신체적 접촉을 좋아한다.

② 사람들과 가까이서 대화하는 경향이 있다.

③ 행동이나 접촉을 하면서 기억한다.

④ 직감, 영감이 발달하고 감을 잘 잡는다.

⑤ 정서적이며 느낌에 강하고 잘 운다.

3

질문을 통한 마음 치료

　지금까지 소개해온 NLP 심리학은 삶의 모든 분야에서 탁월한 성과를 가져올 수 있는 실용적인 심리학이라고 강조해 왔습니다. 그것은 NLP 심리학이 제4차 산업혁명 시대의 트렌드에 맞는 융합적인 심리학이기 때문입니다. 이 심리학은 인지주의 심리학, 게슈탈트 심리학, 경험주의 가족심리학, 내면심리학 등이 혼합된 퓨전심리학입니다. 여러 심리학의 장점이 모아진 것이라고도 할 수 있어서 무엇보다 바쁜 현대인들의 일상에서의 욕구에 맞는 단기 상담이나 심리치료에 적합하다고 할 수 있습니다. 특히 5분, 10분 간격으로 바쁘게 돌아가는 학교 현장이야말로 상담교사나 전문상담원이 짧은 회기를 이어갈 수 있도록 구성된 심리학입니다. 이번에는 NLP 심리치료 기법 중 쉽게 접하고 많이 사용하는 질문을 통하여 내담자의 내면을 변화시키는 마음치료에 대해 알아보겠습니다.

'왜'라는 질문이 상담을 방해합니다

학창시절의 경험을 떠올려 봅니다. 누구나 선생님에게 이런 말을 들어봤을 것입니다. '너, 왜 숙제 안 해 왔어?' 이 순간 우리의 마음은 '이 상황을 어떻게 벗어날까?' 하며 무의식적으로 변명거리를 찾으며, 방어 모드로 돌입합니다.

따라서 '왜'라는 단어를 상담에 사용하면 내담자의 상담내용에 집중하기보다 이유를 찾게 되어 상담의 효과는 줄어듭니다. 동시에 상담자의 목소리 톤이나 말투에 따라 자신이 혼나고 있다는 느낌을 받을 수 있습니다. 동시에 상대방을 부정하게 되는 결과를 가져올 수 있습니다. '왜'라는 질문 속에는 부정적인 뉘앙스도 숨겨져 있기 때문입니다. 예를 들어 학생이 지각하였을 때, 담임선생님이 '너 오늘 왜 지각했어?'라고 물으면 지각의 이유를 묻는다는 생각보다 선생님이 나를 한심하게 생각한다는 부정적인 마음이 먼저 생길 수 있습니다.

이럴 때는 어떤 질문이 효과적일까요? '오늘 학교 오면서 무슨 일이 있었니?'라고 묻거나 '무슨 일 때문에 지각하게 되었지?'라고 물어보면 학생의 마음속 무의식에서 선생님이 자신의 존재를 부정하지 않고 인정한다는 생각이 들게 됩니다. 또한 지각의 원인과 과정에 초점을 맞추는 감정을 느낄 것입니다.

믿음(신념)을 바꾸는 질문의 기법

자신에게 익숙하게 해 왔던 사고방식과 세상을 바라보는 관점을 신념이라고 합니다. 우리는 어릴 때부터 '확고한 신념으로 무장하고 살아가는 일은 훌륭한 일'이라는 식으로 듣고 배웠기 때문에 '신념'을 긍정적으로 바라봅니다. 물론 자신에게 도움이 되는 신념은 문제가 없지만, 신념 자체가 자신을 제한하는 족쇄가 된다면 마음의 안정과 행복을 방해할 수 있습니다. 상담자가 학생의 긍정적인 신념을 강화하기 위해서는 부정적인 신념을 바꾸는 질문이 필요합니다. 상담하러 온 학생이 '선생님 저는 시험만 보면 성적이 맨날 바닥이에요, 이젠 시험이 두렵고 떨려요. 어떨 땐 공부를 포기하고 싶어요'라고 했다면 어떻게 질문하고 상담하는 것이 좋을까요? 이럴 때는 다음과 같이 질문할 수 있습니다.

'네가 생각하는 바닥이라는 성적이 몇 등 정도를 얘기하는 것인지 말해 줄 수 있겠니?'

'네가 그동안 시험을 봤을 때 성적이 오른 적은 한 번도 없었니?'

'네 생각에 성적이 오른다면 몇 등 정도를 생각하니?'

이러한 질문을 통해 실패의 경험을 일반화하지 않게 되는 것입니다. 그리고 생각의 구조를 바꾸어 주는 질문으로 대치해 봅니다.

'혹시 네가 다음 시험에서 몇 등이라도 오른다면 네 마음은 어떨 것 같니?'라고 질문해서 자신이 열등하다고 일반화하는 습관에서 벗어나도록 도와줄 수 있습니다. 이 학생은 성적이 부족한 것과 열등한 사람을 동등화해서 부정적 절대적 신념에 사로잡혀 있다고 볼 수 있습니다. 상담자는 '이제부터 조금씩 성적을 올리려면 무엇부터 해야겠니?'라고 물어보고 '당장 네가 할 일을 찾아보는 것이 어떨까?'라고 질문한다면, 그 학생은 지금까지 자신을 묶고 있던 부정적 신념에서 벗어날 수 있을 것입니다. 따라서 늘 삶 속에서 자신의 발목을 잡고 나아가지 못하는 원인을 찾아보는 훈련이 열등감이나 잘못된 신념에서 벗어나게 해주는 좋은 심리치료 방법이라고 할 수 있습니다.

메타모델 질문법

메타모델meta model이란 용어는 NLP 심리치료에서 매우 중요한 심리학적 개념입니다. 쉽게 얘기하면 '메타모델이란 추상적 관념을 구체적인 정보로 대화하는 모델'로 표현할 수 있습니다. 예를 들면 친구들과의 대화에서 이렇게 얘기할 수 있습니다.

'누가 그런 얘기를 했어?'

'그게 언제 일이야?'

'무슨 일이 일어났어?'

'방금 말한 것 좀 더 자세히 얘기해 봐.'

이와 같이 상대방에게 관심을 쏟고, 구체적인 정보를 얻기 위해 계속 이어가는 질문과 대화를 메타모델이라고 합니다. 이러한 메타 모델은 추상적인 대화 내용을 구체적이고 정확하게 만들어 자신을 제한하는 신념을 변화시킬 수 있습니다. 특히 메타모델에서 주의할 사항은 육하원칙입니다. '누가, 무엇을, 언제, 어디서, 어떻게, 왜?' 중에서 '왜'는 앞에서 이야기한 것처럼 사용하지 않습니다. 메타모 델은 원인을 밝히기 위한 것이 아닙니다. 상태에 이르는 과정을 끌어내기 위한 것입니다. 그러므로 메타모델을 이용한 마음치료 질문 은 누가, 언제, 어디서, 어떻게 등으로 질문하는 방법을 사용합니다. 이 과정에서 상대를 추궁하거나 비난하는 대화를 하지 않도록 주의 해야 합니다. 메타모델은 무의식중에서 생략되었거나, 삭제된 정보 를 찾고, 왜곡된 정보를 수정하여 자신을 제한하는 닫혀 있는 마음 상태를 변화시키는 것입니다. 이런 방식으로 내담자는 새로운 관점 으로 세상을 바라보고 폭넓은 가능성을 발견할 수 있습니다. 메타 모델은 상대의 무의식 속에 존재하는 구체적인 정보 출구를 찾아내 어 문제를 해결하고, 제한을 풀기 위한 수단입니다.

그 외에 내담자에게 질문할 때는 상황에 맞게 부드럽게 묻기도

하고 확실하고 명료하게 묻기도 하는 등 방법을 달리할 필요가 있으며, 어떤 시점에 어떤 질문을 하는지도 매우 중요합니다.

4

생략된 정보 알아내기

'우리는 자기 자신과 대화를 할 때도 자신을 속인다'라는 얘기를 들어본 적이 있으신가요? 그렇습니다. 우리는 마음속에 있는 모든 이야기를 꺼내지 않습니다. 심지어 자신과 대화를 할 때도 말입니다. 다른 사람과 대화할 때는 더욱 그렇습니다. 내가 꺼내어 얘기해도 비난받지 않을만한 이야기, 내가 상처받지 않을만한 이야기만 꺼내서 대화합니다. 이는 자신을 보호하기 위한 인간의 대화 습성입니다. 내담자가 상담자를 만나서 상담을 할 때도 자신의 얘기를 모두 꺼내는 사람은 없습니다. 상처받고 싶지 않으려는 마음이 위험한 정보를 생략하게 만듭니다. 하지만 상담자는 이런 정보를 볼 수있어야 합니다. 거의 대부분의 중요 정보는 이렇게 생략된 정보 속에 들어있기 때문입니다. 그렇다면 생략된 정보를 꺼내기 위해서는 어떤 질문을 해야 할까요? 이번에는 드러나지 않는 생략된 정보를 끌어내기 위한 5가지 질문 패턴에 대해 알아보겠습니다.

첫째, 단순 삭제의 대화

생략된 '무엇'의 정보를 되찾는 질문 방법과 '누가' 말했는지를 명확히 하는 방법입니다. 이렇게 삭제된 것을 명확히 하면 사실이 아닌 의견이라는 것을 알게 되어, 마음속 제한이 없어집니다. 다음은 이런 대화의 예입니다.

나 지금 화가 나 있어요. ⇒ 무엇 때문에 화가 났을까요?
그 사람은 좀 이상한 것 같아요. ⇒ 누가 그런 말을 했을까요?
위와 같이 질문할 때는 '누가, 무엇을, 좀 더 구체적으로 무엇이, 어디에서, 언제, 어떻게'의 형식으로 질문하면 좋을 것입니다.

둘째, 비교 삭제의 대화

생략된 비교 대상을 밝히기 위한 질문 방법입니다. 단순히 본인의 의견이라는 점을 깨닫고 비교 대상의 폭을 넓혀 믿음의 제한을 없애는 방법입니다. 질문의 형식은 '무엇과 비교해서?' 또는 '무엇 중에서 가장 ○○합니까?'의 형식을 취하는 질문을 합니다.

너는 정말 최악이야. ⇒ 누구의 마음속에서 최악이라는 말씀입니까?

그의 성적은 정말 형편없어. ⇒ 무엇과 비교해서 성적이 형편없다는 말씀입니까?

셋째, 지시 결여 대화법

이 대화와 질문의 방법은 추상적인 명사가 들어간 말에서 구체적인 정보를 파악하는 질문 방법입니다. 이 방법은 자세한 정보를 끌어내 선택영역이 넓어진다는 장점이 있습니다.

이것은 구체적으로 누가 한 것입니까?

넷째, 질문을 통하여 왜곡된 정보를 찾아내고 알아내기

이 방법은 편향되고, 왜곡된 정보를 본래의 모습으로 되돌리는 질문 방법입니다. 우리의 일상생활에서 편향된 시각도 상대를 제한하는 신념이라고 할 수 있습니다.

① 인과관계

어떤 일이 다른 일의 원인이 되는 표현에서 구체적인 정보를 얻거나 상대방의 선택영역을 넓히는 질문 방법입니다. A가 반드시 B를 일으키지 않는다는 점을 깨닫게 하는 방법이기도 합니다.

나는 아침밥을 거르면 온종일 기운이 없습니다. ⇒ 아침밥을 거르는 일과 기운이 없는 일에는 어떤 관계가 있습니까?

담임선생님 때문에 기분이 나쁩니다. ⇒ 담임선생님과 기분이 나쁜 것과는 어떤 연관성이 있을까요?

② 단순 동일시

단순하게 동일시된 표현에 대하여 그 관련성을 밝히고 유연성을 주는 질문과 대화의 방식입니다. A = B가 아니라는 사실을 깨닫게 하여 선택영역을 넓혀 줍니다.

이 프로젝트의 성공은 세계평화로 이어집니다. ⇒ 그 프로젝트의 성공과 세계평화가 어떻게 이어집니까?

그녀는 자주 웁니다. 그걸 보면 그녀는 분명히 외로움을 잘 타는 사람인 것 같습니다. ⇒ 운다는 것과 외롭다는 것이 어떻게 연결되는 겁니까?

다섯째, 마음 읽기

마음 읽기는 두 가지 유형이 있습니다. 첫 번째는 다른 사람의 생각을 자신이 알고 있다고 독단적으로 생각하는 경우이고, 두 번째는 자기 생각을 다른 사람도 이해할 수 있다고 믿는 경우입니다. 이러한 유형을 파악하고 선택영역을 넓히기 위해 부드럽게 질문하는 방법이 있는데, 주의할 점은 가능한 최대한 부드럽게 질문해야 한다는 것입니다.

당신은 싫다고 생각하고 계시죠? ⇒ 어떻게 해서 그것을 알게 되었습니까?

내가 무엇을 원하는지 아시죠? ⇒ 어떤 부분에서 내가 당신이 무엇을 원하는지 안다고 생각하십니까?

5

정신장애와 인격장애

　학교에서 상담을 진행하다 보면 언어와 행동이 정상적이지 않아 일반적인 상담으로는 해결이 어려울 때도 있습니다. 어떤 의미에서 바로 정신과 전문의에게 보내야겠지만, 아직도 일반적인 학부모들은 자신의 자녀가 정신과에 출입하는 것을 반기지 않을뿐더러 상담선생님이 정신과의 도움을 받는 것이 좋겠다는 조언만 해도 심하게 화를 내거나, 왜 자신의 자녀를 정신이상자로 몰아가느냐고 항의하는 학부모도 있는 것이 현실입니다. 그러므로 상담자가 정신치료까지는 할 수 없다고 하더라도 이상행동을 어떠한 시각에서 평가하고 바라보아야 하는 문제에 봉착했을 때 기본적으로 알아두어야 하는 정신장애나 정신병리 현상에 대해 간단하게 알아보겠습니다.

정신병리 현상의 의미

정신병리 현상은 일명 이상심리 현상이라고 할 수 있습니다. 다른 말로 정상적이지 않은 생각과 감정, 행동을 말합니다. 하지만 정상과 비정상의 경계가 명확하지 않아 판단하는 것이 쉽지 않습니다.

정신의학적인 통계에 따르면 일반적으로 인구의 5퍼센트 이내에서 나타나는 특성을 이상심리 현상으로 분류합니다. 예를 들면 100명의 학생의 성적을 놓고 볼 때, 대다수인 95명은 정상적으로 평가되고, 최상위 그룹과 최하위 그룹을 합쳤을 때 5명 정도가 비정상으로 판단될 수 있다고 보면 이해가 빠를 것입니다.

정신장애나 정신병리 현상에 대한 이해를 돕기 위해 자주 사용되는 용어를 이해하면, 불안장애와 인격장애에 대하여 좀 더 쉽게 이해할 수 있을 것입니다.

1) 망상

망상delusion의 개념은 '잘못된 신념'을 말합니다. 이를 분석하면, 왜곡된 생각을 가지고 상황에 따라 변하는 것이 아니라 확고하게 믿고 있는 현상을 말합니다. 그러기 때문에 상담 도중 내담자의 망상 여부를 평가하기 위해서는 우선 내담자의 말하는 내용이 잘못되었는지를 판단하면서 동시에, 그 생각을 신념으로 가졌는지를 평가해봐야 합니다.

2) 환청

환청auditory hallucination은 주위에 아무도 없는데 어떤 소리나 사람 소리가 들려오는 것입니다. 확실하게 구별해야 하는 개념 중에는 환각과 착각의 차이를 이해하면 좋습니다. 일반적으로 환각은 어떠한 감각이 몸에 느껴지지 않아도 감각을 느끼는 경우이고, 착각은 일단 몸 안에서 감각이 느껴지는데 그것을 잘못 해석하는 것입니다. 환청은 들리는 소리에 따라 여러 가지로 분류할 수 있습니다. 예를 들면 단순한 자연 속에서의 새소리, 물소리 등을 비롯해서 나에게 비난하거나, 간섭하거나 여러 가지 감정적으로 불쾌한 소리들도 포함이 됩니다. 특히 조현병 환자에게 환청 현상이 강하게 나타납니다. 이러한 환청은 여러 가지 이상행동을 유발합니다. 예를 들면 주위에 사람이 없는데도 상대방이 있는 것처럼 대화를 나누듯이 혼자 중얼거리기도 하고, 갑자기 감정변화를 가져오면서 혼자서 웃거나 울기도 합니다. 그리고 동시에 주의가 산만해져서 특정한 생각에 몰두되어 상대방이 말을 걸어도 즉시 대답을 못하거나, 종종 하늘이나 허공을 쳐다보면서 무엇을 본 것처럼 행동하기도 합니다.

3) 관계사고

관계사고idea of reference란 사람들이 다른 얘기를 해도 자기 얘기를 하고 있다고 여기는 것입니다. 관계사고는 자신의 약점이나 열등감 혹은 비밀로 하고 싶은 생각과 관련이 있습니다. 이것이 심해지면 망상의 수준으로 넘어가는데, 이를 관계망상이라고 부릅니다.

4) 강박사고와 강박행동

강박사고는 머릿속에 어떤 생각들이 자꾸 침투해서 들어오는 것입니다. 스스로 어떤 생각을 만들어 내지도 않았는데 싫어하거나 원하지 않는 생각들이 머릿속으로 자꾸 들어오는 기분을 느끼게 됩니다. 내담자 학생이 '생각이 꼬리를 물고 계속 이어진다'라고 말한다면 강박사고일 수 있습니다. 하기 싫은 생각인데도 자꾸 생각이 이어지는 것입니다.

5) 해리 증상

해리dissociation란 마음이 두 가지로 나누어지는 현상을 말합니다. 이는 주로 어릴 때의 충격적인 경험이 무의식화되어 일어나는 일종의 방어기제 현상입니다. 해리로 일어나는 정신병리 현상은 다음과 같습니다.

① 해리성 기억상실

일반적으로 기억상실 증상은 기질적 기억상실 증상과 심인성 기억상실 증상으로 나누어집니다. 기질적 기억상실은 뇌신경 조직에 문제가 발생하는 경우로 기억저장에 더 큰 장애를 보이게 됩니다. 교통사고나 뇌가 손상되었을 경우가 여기에 속합니다.

반면에 심인성 기억상실증은 뇌조직에는 이상이 없으면서 기억기능이 장애를 일으키는 경우인데, 요인은 심리적인 것으로 판단하고 있습니다. 심인성 기억상실증은 기억저장과 밀접한 단기 기억회

상보다는 중장기 기억회상에 더 큰 장애를 보입니다. 왜냐하면 기억저장에 문제가 없어도 즉 기억이 지워지지 않았어도 어떤 심리적 요인에 의하여 기억회상이 되지 않을 때가 있는데 이것을 심인성 기억상실이라고 합니다

② 이인증

이인증depersonalization은 자아정체감 또는 자의식이 분리되는 것을 말합니다. 구체적으로 말하면 내가 아닌 것 같거나, 스스로 낯설게 느껴지거나, 관찰자적인 나와 경험자적인 내가 둘로 분리되는 것 같거나, 갑자기 커지거나 작아지는 것 같거나, 감정적인 반응을 모두 잃어버린 느낌이 들거나, 무엇인가 이상하게 되는 것 같은 느낌 등 다양한 경험으로 설명될 수 있습니다. 주로 최면 상태나 황홀경 그리고 종교적 무아지경 상태에서 이인증이 생긴다고 할 수 있습니다. 주로 심리적으로 심한 충격을 받은 경우에도 나타납니다.

이인증은 심리적인 요인뿐만 아니라 심한 열병을 앓거나 오래 굶었을 때에도 나타날 수 있다고 보고되고 있습니다.

③ 비현실감

비현실감derealization은 나를 둘러싼 현실, 사물, 다른 사람이 이상하게 느껴지는 마음의 현상을 말합니다. 내가 갑자기 낯선 곳에 버려진 느낌이거나 혹은 이제까지 살아오던 환경이 바뀐다든지 하는 마음의 현상을 비현실감이라 합니다. 일시적으로 누구든지 집이나

직장, 가족이 낯설게 느껴지거나 주위 사물의 크기가 변한 것 같거나 주위환경이 멀리 혹은 가깝게 느껴지기도 합니다. 비현실감은 주변이 바뀐 것이 아니라, 내 마음에 어떤 변동이 있어서 주변을 비현실감의 방식으로 경험하는 것입니다.

④ 정체성 혼란

정체성 혼란은 내가 누구인지 정확하지 않다고 느끼거나 여러 가지 특성 사이에서 자기가 어떤 사람인지 정해지지 않는 갈등을 경험합니다. '자신이 누구인지 혼란을 경험한 적이 있는가?' 또는 '자신의 마음속에서 진실한 나를 찾아보려고 심한 갈등과 마음속의 투쟁을 경험한 적이 있는가?' 라는 물음을 던져 본다면 어느 정도 정체성 혼란을 구분할 수 있습니다.

⑤ 해리성 둔주

해리성 둔주는 일정 기간에 정체감 장애와 이인증 그리고 기억상실증이 동시에 오는 경우를 말합니다. 예를 들면 어떤 강한 스트레스를 받은 후에 갑자기 일정 기간은 자신이 전혀 의식하지 못하는 행동을 하는 것을 해리성 둔주라고 합니다. 다른 예를 보면 일정기간 자기 이름, 신분이나 직업 등을 잊어버리고 낯선 곳에서 방황하거나 여행하는 심리적 장애를 말하기도 합니다. 또 다른 예로는 심리적인 압박 때문에 가출하여 헤매다가 행려자로 판단되어 병원이나 시설에서 지내다가 둔주의 상태에서 깨어나면 자기가 왜 그랬는지 기억을 못하는 경우도 여기에 속합니다.

⑥ 해리성 정체감 장애

해리성 정체감 장애는 다른 말로 '다중인격장애'라고도 합니다. 심리적 해리 현상이 발생할 때 기존의 존재와 전혀 다른 존재로 되는 등의 특징이 있습니다. 우리가 어릴 때 많이 읽었던 소설 《지킬박사와 하이드》의 경우가 여기에 속합니다. 주된 요인은 어린 시절 성폭행이나 심리적, 신체적 학대를 경험한 경우에 많이 발병하는 것으로 알려져 있지만, 반드시 그것만이 원인이라고는 할 수 없고 복합적인 정신장애 현상이라고 할 수 있습니다. 해리성 정체감 장애의 심리치료는 주로 집단상담을 통한 집단역동을 경험하게 하여, 자신의 심리 속에 갇혀있는 다양한 정체성들을 하나하나 불러낸 후 신원을 파악해 조각난 자아 사이의 균형을 회복하는 것을 치료의 목표로 합니다.

⑦ 해리성 장애를 통해서 살펴본 인간 심리의 특성

인간의 의식과 무의식을 바라보면 너무나 다른 모습일 때가 많이 존재합니다. 즉 인간은 얼핏 보면 겉과 속이 통합된 존재로 보이지만 그 내면을 자세히 들여다보면 다양한 성격과 내면의 특성과 조각으로 혼합되어 있습니다. 해리성 장애는 특히 청소년 시기에 정체성 혼란이 집중되어 일어나는데, 인간의 심리적 회복탄력성에 의하여 성격과 심리의 양극단 중에서 어느 지점에 위치하며 자신의 균형을 찾아갑니다.

인간은 늘 살아가면서 자신의 심리적 특성뿐만 아니라 자신이 속한 사회에서 기대를 충족하며 살아가고 있습니다. 칼 융은 개인의 특성과 관계없이 주변 사람들의 기대로 만들어 가는 개인의 심리적 원형을 페르소나(심리적 가면)라고 했습니다. 사회가 발전하고 학교에서 기대하는 학생들에 대한 심리적 압박감이나 학부모들이 학생들에게 기대하는 기대치가 높아 갈수록 참 자기와 거짓 자기인 페르소나 사이의 간격이 벌어지며 정신병리적 현상도 높아져 가는 것이 아닌가 생각합니다.

지금까지 살펴본 해리성 정신장애는 많은 요인에도 불구하고 주로 어린 시절 고통스러운 정신적 충격과 상관관계가 높다고 할 수 있습니다. 결국 해리성 정신장애는 고통스러운 자기에게서 벗어나려는 자기방어이고, 그것이 내면적으로 학습되어 비슷한 경우에도 반복된다는 특성이 있습니다.

지금까지 살펴본 정신장애의 상식만 가지고 있어도 내담자를 좀 더 잘 이해하고 상담을 하는 데 도움이 될 것입니다. 하지만 심리상담자가 정신과 전문의가 아니기 때문에 심리상담을 통해서 도움이 되기 힘들다는 판단이 든다면, 정신과 전문의의 상담을 권해야 합니다.

6

상처받은 어린 영혼 치유하기

마음이 힘들어 하는 학생들을 어떻게 알아차릴 것
인가?

마음의 고통에서 벗어나는 출발점은 항상 같습니다. 자신의 고통
을 아는 것입니다. 이는 지금 여기here&now를 알아차리는 것이기도
합니다. 자신의 감정을 솔직하게 인정하고 내면에서 수용하는 작업
입니다. 다른 말로는 마음의 고통을 알아차리지 못하는 사람은 상
처에 대한 치유 기회를 얻지 못하게 된다는 뜻이기도 합니다. 그만
큼 자신의 내면에 대해 알아차림이 마음 치료에서 중요합니다. 학
교상담실을 열심히 찾아오는 학생들은 자신이 가진 마음의 고통을
인식했기 때문이며, 이러한 학생들은 정말 따뜻하게 보호하고 격려
해야 합니다. 마음의 고통을 알아가는 것부터 치유의 시작이기 때
문입니다.

인간의 내면에는 힘들고 지치고 상처받은 무의식이 존재합니다. 무의식은 자신의 상처를 소리내어 울부짖고 그 모습이 왜곡된 행동으로 표현됩니다. 이런 행동을 통해서 마음의 고통을 느끼는 것은 자신의 고유한 영혼에 가까이 다가선다는 것입니다. 이 소리를 듣고 자신에게 가까워지면 언젠가 참모습을 바라볼 수 있습니다. 자기 영혼을 확인하고 찾는 능력은 한마디로 고통을 인식하는 것으로부터 시작하며, 고통을 치유하는 과정이 우리를 성숙하게 만듭니다.

자신이 가진 마음의 상처를 인정하지 않는다면 누구도 풀어 줄 수 없습니다. 마음의 상처와 각종 심리적 장애를 일으키는 요인은 다음과 같습니다.

마음에 심리적 장애를 일으키는 요소들의 분석

① 내 마음의 상처 분석하기

내 마음의 상처를 찾기 위해서는 내가 어린 시절에 무엇을 하고 지냈으며, 어떤 상황이었는지, 왜 그런 행동을 할 수밖에 없었는지를 살펴보아야 합니다. 심리학에서 상처의 의미는 과거의 내 삶의 경험이 현재의 사건을 통해 되살아나는 것을 말합니다. 더 깊이 들어가면 이미 과거에 내재한 경험이 현재의 경험과 감정에 영향을 미친다는 뜻입니다. 이는 주로 어린 시절의 경험이 영향을 주는 경우가 많으며, 그 상처는 주로 가족을 통해서 오고, 가장 가까운 사람으로부터 상처를 받습니다.

② 건강한 가족과 역기능적 가족

어린 시절 가족 내에서 발생한 사건이 마음의 상처에 영향을 미치는 중요한 요소입니다. 이는 가족 구성원들이 어떤 사건으로 인해 상처를 입게 되었는지에 관한 문제입니다. 가족은 우리가 숨을 쉬는 공기와 같은 영향을 미치는데, 만약 공기가 오염되면 일상적으로 마시는 공기도 오염된 것이므로 건강을 보장할 수 없는 상황과 유사합니다. 건강한 성인이 되기 위해서는 가족 구성원들로부터 안전감, 따뜻함, 양육, 보호와 같은 존재적인 욕구를 충족 받으며 안전하고 신뢰할 수 있는 환경에서 성장해야 합니다. 이를 통해 건강한 성인으로 성장할 수 있습니다.

가정에서 제대로 된 양육이 이루어지지 않는 학생들은 심리적인 문제를 겪게 됩니다. 이들은 심각한 의존성과 상처를 안고 성인이 됩니다. 이를 역기능적인 가정이라고 합니다. 역기능적인 가정에서는 존재적인 욕구가 충족되지 못해 내면에 불신과 불안함이 생기며, 이는 성인이 되더라도 부정적인 감정과 제한적인 신념으로 이어집니다. 이러한 상태는 슬픔, 분노, 우울, 죄책감과 같은 부정적인 감정을 자아내고, 자신을 제한적인 생각과 중독 등 고통스러운 삶에 빠뜨릴 수 있습니다. 특히 자신을 완벽하고 완전한 존재로 유지하려는 환상을 갖게 되어 외부적인 동기에 의존하게 됩니다. 이는 중독적인 관계, 약물, 일, 텔레비전, 도박 등의 의존을 초래할 수 있습니다.

이를 통해 건강한 가정과 역기능적인 가정의 차이를 인식할 수 있습니다. 가장 중요한 차이는 개인이 마주치는 문제를 다루는 방식입니다. 건강한 가정의 아이들은 갈등이 있을 수 있지만, 여전히 부모와 사랑의 관계를 유지합니다. 일반적으로 선천적인 성향으로 인해 약물 중독이나 비만, 우울증과 같은 문제가 발생할 수도 있습니다. 그러나 건강한 가정의 아이들은 이러한 상황을 다른 방식으로 잘 극복합니다. 그에 반해 역기능적인 가정의 아이들은 갈등이 생기면 정신병이나 정서적 학대, 근친상간, 폭력과 같은 문제가 반복적으로 나타납니다.

마음의 상처를 가져오는 심리적, 물리적 요인들

① 학대

학대는 매를 맞거나 방치되거나 신체적 혹은 성폭력을 당한 경우를 의미합니다. 이러한 상황에서는 깊은 정서적 상처가 형성됩니다. 가정 학대를 당한 경우에는 일정한 징후나 행동을 보이므로, 이런 징후를 잘 파악하면 그 원인을 알 수 있고 상담에도 도움이 됩니다.

학대를 당한 아이들은 부모가 조금만 화를 내도 무서워하여 웅크리는 경향을 보입니다. 또한 부모를 두려워하고 아이들과 노는 것에 흥미를 느끼지 못합니다. 이들은 부모들의 눈치를 심하게 보며 비정상적으로 화를 내거나 공격적으로 행동할 수도 있습니다. 형제 사이에는 형이나 언니가 막내를 잔인하게 괴롭히는 경우도 있으며, 아이들의 정서와 성격이 변덕스럽고 부정적이며 대응하기 어려운 증상도 나타날 수 있습니다. 하지만 주의해야 할 점은 어릴 때 학교에서 자주 처벌을 받았다면 처벌과 학대를 구별하기가 어려울 수도 있다는 점입니다.

또한 부부 싸움에 아이들을 휘말려들게 하거나 아이들을 통해 정서적 욕구를 충족시키는 것도 학대에 해당합니다. 부모가 술에 취해 아이들에게 소리치고 장황한 훈계를 하는 것도 정서적 학대입니다. 아이들이 스스로 독립적이지 못하게 되고 부모와 항상 붙어 다니며 적절한 경험을 제때 겪지 못하는 것도 학대에 해당합니다.

② 완벽주의
완벽주의는 외부적인 인정을 통해 만족을 얻으려는 성향을 말합니다. 실제로 완벽주의자들은 자신이 그렇지 않다고 절대 부인하곤 합니다. 정확히 말하면 완벽주의는 자신이나 타인에 대해 비현실적인 기대를 하는 것을 의미합니다. 완벽주의적인 정서의 표현은 타인을 얕보거나 무시하는 시선, 비판적인 언어, 이해하지 못한다고

말하는 태도 등 여러 가지 방법으로 나타납니다.

완벽주의자들은 자신의 삶을 완전히 통제할 수 있다는 환상이 있으며, 이로 인해 불행한 상황에 빠지게 됩니다. 완벽주의는 지속적인 비난을 합니다. 특히 자녀에 대한 계속된 비난은 아이들에게 깊은 무가치감과 수치심을 심어줍니다. 비난과 완벽주의는 가족 구성원 모두에게 상처를 줄 뿐만 아니라 해로운 수치심을 불러일으킵니다. 결국 비난하는 사람과 심지어 가족 사이에도 거리가 벌어지게 되는 결과를 초래합니다.

③ 역기능 가족의 규칙

보편적으로 역기능 가족에는 '집안일은 밖에 나가서 얘기하면 안 됩니다. 남이 알면 망신입니다'라는 무언의 규칙을 가지고 있습니다. 이러한 가정의 아이들은 모든 문제를 혼자서 해결해야 한다고 믿으며 성장합니다. 결국 모든 문제를 혼자 해결해야 한다는 생각에, 무력하고 희망을 찾기 어려운 상황에 처하게 됩니다. 가족 내에서 건설적인 변화가 일어나지 않아 소경이 소경을 인도하는 상황이 되는 것입니다.

④ 감정과 현실 부인

가정에서 말하면 안되는 '가족의 비밀'이 숨겨져 있거나 비난 혹은 통제가 있으면 저절로 감정을 표현하지 않게 됩니다. 착한 아이

신드롬에 걸린 아이들은 형제에게 화가 나면 어쩔 줄 몰라 합니다. 그래서 억울한 일이 있더라도 참는 도리밖에 없습니다. 그래서 분노가 마음 깊이 남습니다.

결과적으로 이 분노와 함께 슬픔, 상처, 두려움, 수치심과 같은 다른 감정들도 마음속에 묻힙니다. 이로 인해 적절한 가면을 쓴 채 진정한 감정과 현실을 부정하는 법만을 배우게 됩니다. 이러한 마음의 현상은 감정을 솔직하게 표현하지 못하는 덫이 됩니다.

일반적으로 우리나라의 많은 학생과 가정은 감정에 대해 제대로 배우지 못하고 있습니다. 이는 내면의 감정을 솔직하게 인정하고 표현하지 못하기 때문입니다. 이는 매우 고통스러운 일이기도 합니다.

지금까지 학생들을 상담하기 전에 심리적 장애와 문제의 근원이 어디에 있는지 간단히 살펴보았습니다. 인간의 심리적 장애의 근본적인 원천은 무의식의 깊은 곳에 자리한 수치심이라고 할 수 있습니다. 가정에서의 기초적인 양육 과정과 성장 과정에서 감정표현의 장애와 가족의 역기능성이 증가함에 따라 청소년의 정서적 위기가 계속해서 증폭되고 있습니다. 이러한 기초적인 검토를 거친 후 학생들에 대한 상담이 이루어진다면 내면의 변화와 신념의 변화를 통해 심리치료와 상담의 효과가 배가 될 것으로 생각합니다.

다치지 않고
행복할 권리

다치지 않고
행복할 권리

탁월함에 이르는 길

1

마음이 뇌를 지배합니다

사람은 감각기관(시각, 청각, 촉각, 후각, 미각)을 통해 세상과 접하고 경험합니다. 우리의 심리적 경험은 생리적인 반응과 함께 정서를 동반하게 됩니다. 또한 정서는 지각과 인지과정과 밀접한 관련이 있습니다.

인간의 경험은 마음의 구조를 변화시켜 주관적인 경험을 변화시킬 수 있습니다. 외부의 정보를 수용하고 내적으로 처리하여 자기와 외부 사이의 상호작용을 통해 행동, 관계, 삶의 형태로 나타납니다. 이는 생각, 감정, 신념, 태도로 표현됩니다. 심리적 기술은 이론이나 학설을 다루는 것보다는 실제 삶에서 사람을 변화시키고 원하는 목표를 달성할 수 있도록 돕는 것입니다.

우리가 경험하는 감정들은 사건 자체가 아니라 그 사건을 해석하는 과정을 경험하게 됩니다. 경험이라는 것은 시각적으로 보고, 청각적으로 듣고, 촉감적으로 느끼며, 후각과 미각을 통해 인간의 감각 채널을 통해 이루어집니다.

비언어적인 신체적 활동(호흡 패턴, 피부색, 눈동자의 움직임)을 포함한 내담자의 의식 밖에서 일어나는 생리적인 변화는 내담자의 내적 경험을 이해하는 데에 언어적 표현보다 순수한 자료가 될 수 있습니다. 말로 표현되는 언어는 자기표현이 필터링된 결과이기 때문에 순수한 경험을 전달하지 못할 수 있습니다. 따라서 상담이나 심리치료 과정에서는 내담자의 언어적 표현보다는 그가 현재하는 신체적 활동 등을 주의 깊게 관찰하는 것이 중요합니다. 내담자가 경험하는 감정은 언어 이외에도 시각, 촉각, 청각을 통해 내적 경험의 표상으로 나타나며, 이는 상당한 중요성을 가지고 있습니다.

NLP 심리학 치료의 전제 요건

NLP 심리학은 다소 생소한 기본원리와 방법을 가지고 있지만, 융합적인 심리학이자 심리치료 방법으로서 단기 상담에 효과를 보여주는 심리학입니다. 이 심리학은 눈동자를 통해 나타나는 내면의 변화를 매우 중요시 여기며, '빔'이라는 용어를 사용합니다. 이는 상대방의 얼굴과 행동을 관찰하면서 상대방이 감정을 말하지 않아도 알아차릴 수 있는 현상을 말합니다. NLP 심리학은 다음과 같은 몇 가지 심리적 전제 요건을 사용하며, 이를 항상 염두에 두고 상담과 심리치료를 진행하면 효율적인 결과를 얻을 수 있습니다.

- 사람의 모든 행동은 내적인 변화에 대한 정보이다.
- 문제가 있다는 것은 기회를 잡는 것이다.
- 제한을 느끼는 것은 가능성을 알려주는 것이다.
- 모른다는 것은 정보를 얻을 금광이다.
- 감정의 경험은 구조가 있어서 구조가 바뀌면 경험도 바꿀 수 있다.
- 인간의 복잡한 행동은 자르고 조각을 냄으로써 최선의 배움이 이루어진다.

NLP 심리학은 마음의 세계를 들여다보는 작업입니다. 하지만 마음의 세계를 들여다보는 것은 그리 간단한 일이 아닙니다. 실제로 보이지 않는 세계를 단 몇 가지의 지표만으로 파악해서 인지해야 하고, 변화도 이루어야 하기 때문입니다. 그래서 상담자도 때로는 길을 잃을 수 있고, 상담이 힘들 수도 있습니다. 이때 상담자는 자신이 가지고 있는 원칙을 꺼내 봄으로써 흔들리지 않고 내담자의 마음을 들여다보는 노력이 필요합니다. 다음에 제시한 상담자를 위한 심리치료 원칙이 도움이 될 것입니다.

모든 행동은 유용성을 가지고 있다.

모든 사람이 자신의 행동을 자신에게 유용한 목적을 달성하는 방법으로 인식합니다. 따라서 다른 사람의 행동을 비판하지 않고 이해하고 수용하는 태도를 보이는 것이 중요합니다.

실패는 존재하지 않고, 결과가 존재한다.

실패라는 개념을 배제하고, 모든 행동은 특정한 결과를 얻기 위한 실험적인 시도라고 간주합니다. 원하는 결과를 얻지 못했을 때는 그 결과를 피드백으로 삼고 새로운 방식을 시도함으로써 학습과 성장을 이끌어내는 것이 목표입니다.

지금이라는 순간이 최상의 시점이다.

과거나 미래에 대한 과도한 주의를 기울이지 않고, 현재의 순간에 집중하는 것이 중요합니다. 현재 상황을 인지하고 효과적으로 대응함으로써 원하는 변화를 끌어낼 수 있습니다.

모든 인간은 자원을 가지고 있다.

모든 사람은 내재한 능력과 자원을 가지고 있으며, 이를 활용하여 원하는 목표를 달성할 수 있습니다. 상담이나 심리치료 과정에서는 내담자의 잠재력과 자원에 주목하고, 그것을 활용하는 방법을 찾는 것이 중요합니다.

이러한 심리치료 원칙을 항상 염두에 두고 상담과 심리치료를 진행하면 더욱 효율적인 결과를 얻을 수 있습니다. 또한 눈동자와 같은 비언어적 신호를 관찰하고 이해하는 능력도 개발하여 상대방의 내면 상태를 파악하는 데에도 유용하게 활용할 수 있을 것입니다.

2

뇌는 언제든 변할 수 있습니다

우울증이 유전적일까?

최근에 와서 정신건강 시스템은 다양한 변화를 맞이하고 있습니다. 지금까지의 심리치료 관점에서는 더 통합적인 접근이 빠르게 나타나고 있으며 심리학에 신경과학과 뇌과학의 영역이 결합되고 있는 모습을 보여줍니다.

상담과 심리치료 분야는 이제 단순한 상담으로만 이루어지는 것이 아니라, 다양한 심리장애의 치료적 측면에서 과학적인 접근이 점점 더 중요해지고 있습니다. 이러한 통합적인 모델은 신경과학의 기반에서 출발하여 우리 일상에서 경험하는 우울과 불안과 같은 감정을 이해하고 다룰 수 있는 새로운 시각을 제시합니다. 이는 내담자들이 자신의 심리장애 문제를 과학적으로 이해함으로써 자신의 정신건강 문제에 대해 정확히 인식하고, 치료 과정에 더 적극적으로 참여할 수 있게 도와줍니다.

과거에는 불안장애나 우울장애가 주로 유전적인 요인에 의해 결정된다고 인식되어 왔습니다. 그러나 최근의 후성유전학 연구에서는 유전자가 우리의 정신 분야와 운명을 결정하는 것이 아니며, 실제로는 내담자의 노력에 따라 유전자의 활성화나 억제에 영향을 줄 수 있다는 결과가 나오고 있습니다. 이는 우리의 운명을 결정하는 것은 유전자가 아니라, 우리 자신이 노력하는 방식과 그 결과에 따라 유전자의 발현과 억제가 크게 영향을 받는다는 것을 의미합니다.

따라서 특정 정신질환이나 우울과 관련하여 유전적인 취약성이 있다고 할지라도, 그 유전자의 발현을 억제할 가능성이 있습니다. 다시 말해 우리의 행동, 즉 내담자의 행동이 자신의 정신적 문제를 유발하는 유전자의 발현과 억제를 조절할 수 있다는 의미입니다.

일반적으로 불안하거나 우울한 상태의 내담자들은 뇌의 활성화 수준에 변화가 있을 수 있다고 봅니다. 그래서 심리학과 신경과학, 뇌과학의 종합적인 이해와 적용이 효과적인 상담과 심리치료에 이바지할 수 있습니다. 이를 통해 문제를 가진 내담자들을 더 잘 도와줄 수 있을 것입니다.

새로운 뇌 만들기

우리의 뇌에는 약 1,000억 개의 뉴런이 있으며, 평균적으로 10,000개의 다른 뉴런과 연결되어 있다고 알려져 있습니다. 뉴런은 변화하기 쉽고 유연한 특성을 가지며, 자신의 학습 경험에 따라 변화합니다. 뉴런 간의 연결은 시냅스라는 작은 틈으로 형성되며, 학습은 시냅스 관계를 형성하고 강화합니다. 뉴런은 시냅스를 통해 화학적인 신호를 전달하여 다른 뉴런과 소통합니다. 이러한 화학적인 신호 전달에는 신경전달물질, 신경조절물질, 신경호르몬 등 약 100가지 종류의 화학물질이 사용됩니다. 이러한 다양한 자원들은 균형 잡힌 식단을 통해 생성됩니다. 영양 결핍은 신경화학물질의 부족을 일으키고, 이는 불안이나 우울감을 더 강하게 느끼게 합니다.

최근의 연구 결과에 따르면, 성장 과정 중 특정 뇌 영역에서 새로운 뉴런이 형성될 수 있는 것으로 보고되고 있습니다. 이러한 성장은 다양한 성장 인자라고 불리는 신경영양인자들에 의해 촉진될 수 있습니다. 특히 뇌 신경인자는 신경 성장과 발생을 촉진하는 역할을 중요하게 담당합니다.

특히 우리 뇌의 특정 영역인 해마에서는 새로운 뉴런을 만들 수 있으며, 이는 기억 능력을 개선하는 역할을 합니다. 해마를 활성화하기 위해서는 일상적으로 유산소 운동을 꾸준히 실시하고 건강한 식습관을 유지하는 것이 중요합니다. 또한 단식, 저열량 섭취, 지방산 섭취도 신경 발생을 강화할 수 있지만, 그 중에서도 유산소 운동이 가장 효과적인 것으로 알려져 있습니다. 이러한 활동들은 신경 발생에 도움을 주며 뇌의 기능 향상과 새로운 뉴런 생성, 그리고 기억력 향상에 긍정적인 영향을 미칠 수 있습니다.

식습관과 뇌과학, 심리장애 간의 관계는 매우 중요한 문제로 인식되고 있습니다. 우리는 균형 잡힌 식단을 통해 건강한 뇌 기능을 유지할 수 있다는 사실을 알아야 합니다. 뇌의 연결을 재배치하고 뇌 세포의 새로운 연결 구조를 형성하기 위해서는 부드럽고 유연한 세포들이 시냅스를 형성해야 합니다. 따라서 지나치게 해로운 지방이나 단순 탄수화물로 이루어진 식단은 시냅스의 재배열을 방해하는 단단한 세포막을 형성합니다.

뇌는 고정된 것이 아니라 변화할 수 있는 성질을 가지고 있다는 사실은 상담자와 내담자가 인식할 때 새로운 희망을 품게 해줍니다. 우울이나 불안과 같은 심리적인 장애를 극복하고 고통을 덜 받기 위해서는 뇌를 재배선하는 작업인 신경 가소성에 대한 이해가 필요합니다.

우리는 신경 가소성을 통해 뇌의 연결을 새롭게 형성함으로써 예전에는 불가능하다고 생각했던 안정된 마음을 얻거나 인생을 행복

하게 즐길 수 있습니다. 또한 위험하지 않은 상황에서 불안을 경험
하는 심리적인 장애도 극복할 수 있습니다. 이러한 가능성을 염두
에 두고 앞으로 상담과 심리치료에 대한 관심을 더욱 갖는 것이 중
요합니다.

3

삶이 불안하다면

뇌의 특정 신경활동 패턴은 특정한 기분 상태와 관련이 있습니다. 예를 들어 사람들이 불안하거나 스트레스를 받을 때는 우측 전전두피질과 편도체가 좌측에 비해 더 활성화됩니다. 반면에 긍정적인 기분일 때는 좌측 전전두피질이 활성화되고, 우측 전전두피질은 상대적으로 작동하지 않습니다. 좌측 전전두엽 영역이 활성화되면 일반적으로 낙관적인 기분과 긍정적인 정서의 조절과 관련이 있다고 알려져 있습니다.

반대로 우측 전전두피질의 작동이 더 많을수록, 주기적으로 불안이나 우울로 힘들어하는 상태와 관련이 있습니다. 특히 지나치게 불안한 내담자들은 좌측에 비해 우측 전전두피질이 과도하게 활성화되는 경향을 보입니다. 이로 인해 이러한 내담자들은 긍정적인 감정이 부족하고, 긍정적인 목표를 달성하는 데 필요한 행동을 거의 하지 못할 수 있습니다.

불안장애와 우울로 고통받는 사람의 우측 전전두피질은 과도하게 활성화되고, 좌측 전전두피질은 제대로 활성화되지 않는다는 연구 결과들이 많이 보고되고 있습니다. 다시 설명하면 행동 및 훈련과 관련이 있는 이러한 차이를 구별하기 위해서 좌측 전전두피질은 '접근 행동'과 관련이 있고, 우측 전전두피질은 '회피나 철회행동'과 관련이 있다고 설명됩니다. 이러한 반대 성향은 불안과 우울과 관련된 중요한 정보를 나타내며, 무엇을 해야 하는지 알려줍니다.

내담자들은 자신을 불안하게 하는 것을 회피하려고 할 때 이미 과잉 활성화된 우측 전전두피질이 더욱 과도하게 작동합니다. 이 때문에 아이러니하게도 한층 더 불안해하고 우울해집니다. 자신을 불안하게 하는 것에 접근할 때 사람들은 자신의 좌측 전전두피질이 활성화됩니다. 이 영역들이 편도체의 과잉 활성화를 시킵니다.

우측과 좌측 전전두피질의 기능적 차이를 다른 관점에서 설명하면, 우측 전전두피질은 전체적인 상황에 집중한 뒤에 과잉 활성화될 때 사람들은 모든 것에 압도되는 느낌을 받습니다. 반면에 좌측 전전두피질은 세부적인 상황에 집중하며, 좌측 전전두피질이 활성화될 때 사람들은 삶을 적극적으로 살아가고, 목표를 달성하며, 긍정적인 감정을 느끼기 위한 행동을 취하려고 노력합니다. 전전두피질은 심리치료에서 중요한 부분이며, 인간이 자기 생각을 반성하는 등의 질문을 할 수 있도록 도와줍니다.

이러한 관점을 상담 상황에 적용한다면, 자신이나 내담자가 불안이나 우울에 압도될 때 전체적인 상황을 작은 부분으로 전환하여 조금씩 진전을 이뤄가는 방식으로 목표에 접근하면서 일을 처리하는 것이 바람직합니다. 또한 효과적인 심리치료를 위해서는 전전두피질의 활성화가 필요합니다.

전전두피질은 실행 뇌 또는 실행 제어 센터로서 작용합니다. 이 영역이 제 기능을 하지 않으면 사람들은 자신의 감정에 완전히 지배당할 수 있습니다. 따라서 전전두피질은 정서 조절에 있어서 핵심적인 역할을 수행합니다.

전전두피질은 두 가지 영역으로 나뉘는데, 배외측 전전두피질과 안와전두피질입니다. 안와전두피질이 올바르게 작동하면 정서 조절을 효과적으로 수행할 수 있습니다. 이는 안와전두피질이 사회적인 기능인 공감, 애착, 온정, 사랑 등에 의해 촉진되기 때문입니다. 예를 들어 학대를 경험한 적이 있거나 불안정한 애착 관계를 형성한 개인들은 이러한 능력이 부족한 경향이 있습니다. 그러나 적절한 치료와 긍정적이고 친밀한 관계를 통해 안와전두피질을 재구성할 수 있습니다. 안와전두피질은 편도체와 연결되어 있어서 정서 조절에 있어서 핵심적인 역할을 담당합니다.

배외측 전전두피질은 뇌에서 가장 늦게 발달하는 영역 중 하나로, 주의 집중, 문제해결, 작업 기억 등 다양한 실행 기능과 관련이 있습니다. 심리학자 조지 밀러는 인간이 20~30초 동안 59개의 정보를 기억할 수 있다고 주장했습니다. 배외측 전전두피질은 작업 기억과 관련이 있는데, 작업을 수행하는 동안 마음속에 생각과 계획을 유지하는 것을 말합니다. 예를 들어 방에 들어갔을 때 그곳에서 해야 할 일을 잊어버렸다면, 배외측 전전두피질이 제대로 작동하지 않은 것과 비슷한 상황입니다. 또한 배외측 전전두피질은 불안과 우울로 인한 행동 감소 조절에도 중요한 역할을 합니다.

전전두피질의 손상은 일반적으로 실행기능의 불안정을 초래할 수 있습니다. 특히 안와전두피질과 배외측 전전두피질의 손상으로 인해 여러 실행 기능이 제대로 작동하지 않을 수 있습니다. 전전두피질 손상으로 인해 내담자가 어떤 고통을 겪고 있는지, 어떤 어려움을 겪고 있는지를 평가하는 방법 중 하나는 주의집중 문제를 평가하는 것입니다. 안와전두피질의 손상은 종종 ADHD를 유발하는데, 이는 정서 조절의 어려움과 관련이 있습니다. 배외측 전전두피질은 작업 기억과 밀접한 관련이 있어서 이 영역의 손상은 ADHD 발병률이 높아지는 요인이 될 수 있습니다. 이 경우 주의집중 유지, 수행 능력, 목표달성에 어려움이 생길 수 있습니다.

뇌의 재배선을 위해 자신이나 내담자가 강한 불안을 경험하는 상황을 치료하고자 할 때, 그것이 완전히 사라질 때까지 기다리는 대신, 상대적으로 안전한 상황에서도 불안을 자극하는 상황에 노출시키는 것이 필요합니다. 이러한 노출을 통해 동일한 상황에서도 평온하고 긍정적인 기분을 느낄 수 있도록 연습하는 것이 중요합니다.

이 원리를 일상생활에 적용하여 자신이 심리적으로 기분을 전환하고 싶다면, 자신이 하기 싫어하는 일을 해보는 것이 도움이 될 수 있습니다. 이렇게 하면 그 일을 하고 싶은 마음이 생기는 원리와 같습니다.

신경과학적으로 뇌 가소성을 활용하여 상담과 심리치료를 진행할 때, 슬픈 기억을 계속 확인하고 과잉 활성화에 초점을 두는 것은 치료에 도움이 되지 않는다고 생각됩니다. 사실, 동일한 슬픈 기억을 지속해서 상기시키면 그 기억과 감정은 더욱 강화될 수 있습니다. 이러한 접근 방식은 변화 중심적인 개입에는 도움이 되지 않습니다. 신경회로의 확인과 활성화에만 초점을 맞추는 것이 중요합니다. 이를 위해 다음과 같은 두 가지 목표를 설정하고 실천해야 합니다.

첫째, 문제해결을 촉진하는 긍정적인 변화를 유도하는 것입니다.

둘째, 반복, 새로운 사고, 행동 패턴, 정서를 통해 해결책을 찾고 신경회로를 구축하는 것입니다.

일반적으로 오른쪽 뇌와 왼쪽 전두엽의 앞부분은 정서를 다르게 처리한다고 알려져 있습니다. 즉, 오른쪽 전두엽의 앞부분이 더 활성화될수록 불안이나 우울을 더 많이 느낄 수 있습니다.

4

마음의 세계가 현실를 바꿉니다

마음의 관점 바꾸기

살면서 자연스럽게 해오던 행동들이 언젠가부터 갑자기 문제를 일으키는 경우가 있습니다. 이런 상황이 되면 이전의 자신의 모습과 비교하면서 당황스러운 감정을 느끼게 될 것입니다. 하지만 대체로 어떤 해결책을 찾기보다는 일시적인 현상이라고 자신을 위로하며 넘어가게 됩니다. 그렇다면 마음 치료의 관점에서 도와줄 방법은 없을까요? 이런 경우에 어떻게 마음 치료를 할 수 있을지 알아보겠습니다.

우리가 마음의 변화가 필요하다고 느낄 때, 변화의 시작은 생활 속에서 문제를 발견하고 인지하는 순간부터 시작된다고 할 수 있습니다. 하지만 변화가 즉시 발생하는 것은 아닙니다. 변화가 시작될 수 있는 시점은 목표를 설정하는 순간입니다. 즉, 우리가 목표를 정하는 순간, 변화의 첫걸음이 시작됩니다.

마음의 변화는 몸과 밀접한 상호작용을 가지며, 마음이 편하지 않으면 몸도 편치 않은 상태로 바뀝니다. 따라서 마음의 변화를 이끌기 위해서는 우선 이러한 상태에서 벗어나는 것이 필요합니다. 마음을 다른 상태로 만드는 것이 중요합니다. 예를 들어 우울한 상태로 있는 경우에는 아무것도 시도하려 하지 않고, 변화를 시도해도 기운만 빠지는 경향이 있습니다. 이런 경우에는 인생의 방향을 새롭게 바라보는 시도를 할 수 있는데, 이를 심리학에서는 '관점 바꾸기'라는 기법으로 사용하고 있습니다.

일반적으로 우리의 정서는 삶의 경험을 중심으로 형성됩니다. 경험을 말로 표현한 것이 우리의 '신념'이라고 할 수 있습니다. 즉, 신념은 우리가 기억하고 있는 경험을 말로 표현한 것입니다. 이러한 신념은 경험이 반복되면서 점차 확고해지며, 경험을 일반화하여 사실로 받아들입니다. 이렇게 신념이 확고해지면 해당 경험과 연결된 정서적인 작용은 점차 강해지고 빠르게 작용하게 됩니다. 이러한 과정을 통해 무의식적인 습관이 형성되고, 세상을 바라보는 관점이 생깁니다.

'관점'은 마음의 상태에 영향을 받고, 마음의 상태는 관점의 방향을 결정하여 상호작용을 하며, 이 상호작용의 중심에는 '정서'라는 연결고리가 존재합니다. 우리 심리는 환경과 사건, 행동, 정서가 상호 작용합니다. 때로는 환경과 사건, 행동이 정서와 생각에 영향을 줄 때도 있고, 생각과 정서, 행동이 실제 사건에 영향을 줄 때도 있습니다. 현실 환경은 우리를 둘러싸고 있으며, 삶의 기준이 됩니다. 사건이 일어난 상황을 '맥락'이라고 하며, 사건 자체는 '내용'이라고 합니다. 맥락과 사건은 서로 연결되거나 역으로 바라볼 수 있습니다. 즉, 상황에 주의를 기울이면 그 상황이 내용이 되고, 거기서 일어난 사건이 맥락이 됩니다. 예를 들어 책을 읽을 때, 우리가 종이에만 주의를 기울이면 글자는 단지 잉크색에 지나지 않지만, 글을 집중해서 읽으면 의미를 이해할 수 있게 됩니다.

마음의 습관에 빠져들면 관점도 굳어집니다. 한 번 주의를 기울여 내용으로 인식하면 계속 강조되지만, 그 주변의 것들은 간과되기 쉽습니다. 현실에서 실패하거나 좌절하는 경우, 환경을 바꾸는 것보다는 마음을 바꾸기가 더 쉽고 효과적입니다. 예를 들어 시험에서 실패하거나 인간관계에서 문제가 생긴 경우, 마음을 바꾸는 노력이 시간과 노력 면에서 더 수월하게 이루어질 수 있습니다.

일반적으로 마음의 크기는 몸보다 작으며, 마음의 정서는 작은 부분이라고 할 수 있습니다. 이 작은 정서와 마음을 변화시킴으로써 일상에서 경험하는 마음의 고통을 줄이거나 치유할 수 있습니다. 마음의 세계는 주관적인 경험의 변화를 통해 현실에 대한 인식과 관점을 쉽게 변화할 수 있습니다. 이렇게 하면 결과적으로 객관적인 현실과 연결되며, 새로운 심리적 경험과 변화를 경험하게 됩니다.

마음의 세계는 주관적 경험의 변화를 통해 현실에 대한 인식의 변화, 관점의 변화를 생각보다 쉽게 만들어 냅니다. 그렇게 결과적으로 객관적 세계인 실제 현실로 연결되어 변화되는 새로운 심리적 경험입니다.

이제 실제적인 연습으로 들어가 보겠습니다. 자신이 현재 이 사건을 문제로 인식하게 된 시점을 확인해보면 이 시점에서 찾아낸 관점이 맥락이 됩니다. 조용히 마음속으로 다양한 차원과 관점을 떠올려봅니다. 이 과정을 통해 현재의 마음 상태가 이 관점에 대한 해결의 열쇠가 됩니다. 지금 이 순간의 마음 상태를 구체적으로 표현해봅니다. 추상적인 표현보다는 구체적인 표현이 치료에 효과적입니다. 예를 들어, '마음속에 조바심이 생겨서 일이나 공부에 집중할 수 없는 상태'라고 한다면, 그 반대되는 상태는 '느긋함'으로 표현될 수 있습니다.

상대적으로 반대되는 형용사적 개념을 사용하면 마음속에서 새로운 생각의 방향과 해결책이 조금씩 보이기 시작할 것입니다. 따라서 현재의 마음 상태에서 반대되는 형용사적 개념을 떠올려 그 말에 집중한다면, 마음속에서 새로운 관점이 열리며 현재의 마음 상태를 긍정적으로 변화시킬 수 있습니다. 그리고 자신의 목표를 정하는 방법을 순서와 절차적으로 정리해 보면 다음과 같습니다.

관점을 바꾸어서 목표 정하기

- 자신이 직면하고 있는 문제 상황을 조용히 마음속에서 떠올려 봅니다.
- 자신이 문제 상황을 문제로 인식하는 관점을 찾아 그것을 '형용사'인 단어로 표현해 봅니다.
- 자신의 문제 상황과 상반된 '형용사'를 찾습니다. 그것이 새로운 관점의 이름이 됩니다.
- 내가 경험하는 새로운 관점에 따라 나타나게 되는 행동이 무엇인지 확인합니다.
- 내가 경험하는 새로운 관점의 행동으로 인하여 어떤 결과가 나타날지 확인합니다.
- 새로운 관점의 결과가 나에게 정말 유용한지 확인합니다.
- 새로운 관점의 결과가 나에게 유용한다면 새로운 관점과 그에 따른 행동을 목표로 정합니다.

이와 같이 실습을 해보고 나서 '관점 바꾸기'를 경험하면, 자신의 마음속 정서나 행동이 변화되는 것 말고도 새로운 변화가 하나 더 추가되는데 그것이 바로 '형용사' 표현입니다. 그것이 변화의 실마리를 제공하는데 이것을 우리는 '생각 필터'라고 부릅니다. 우리가 매일 경험하는 현실의 결과는 우리의 행동에 의해서, 그리고 행동은 생각에 의해서, 생각은 필터에 의해 만들어진다고 할 수 있습니다.

생각 필터가 바뀌게 되면 그로 인해 현실의 결과가 변화합니다. 그래서 생각 필터에 대해서 깊이 생각하고 실천하면, 종전보다 훨씬 더 유연하게 삶의 관점을 바꿀 수 있습니다.

5

행동의 방향을 바꾸는 방법

생각 필터를 변화시켜 문제를 해결해 보기

일반적으로 사람들의 행동은 변화에 따라 과정이 진행됩니다. 이러한 과정에는 특정한 순서가 있습니다. 문제를 해결하기 위해 변화를 끌어내려면 순서를 차례대로 따라가며 마음의 작업을 시작하는 것이 좋은 결과를 얻을 수 있는 길입니다.

첫째, 마음의 변화 관찰하기

관찰이란 현재의 모습을 정확히 파악하는 것을 의미합니다. 현재 상황을 정확히 알아야 어떤 것이 문제이고 어떻게 변화를 이끌어낼지 결정할 수 있습니다. 때로는 관찰을 통해 변화의 방향까지 확인할 수도 있습니다. 관찰은 직접 보고 듣는 것으로서 자세, 동작, 표정 등의 현재 모습을 관찰자가 느끼게 합니다. 상담과 같은 특별한 상황에서는 환경에 대한 정보가 상담 시간과 장소로 제한될 수 있습니다. 이러한 상황에서는 오히려 내담자에게 집중할 수 있습니다. 반면에 현재 직장 동료나 가족과 함께하는 상황이라면 그들의 행동과 함께 어떤 일이 어디에서 어떻게 일어나고 있는지도 관찰할 수 있습니다. 이렇게 종합된 경험 중심의 정보는 현재 상황을 이해하는 데 도움이 됩니다.

둘째, 어떤 생각 필터가 작동하는지 살펴보기

일반적으로 목표는 나의 생각 필터를 이해하고, 동시에 상대방의 생각 필터를 인식하는 것입니다. 생각 필터는 주로 무의식적인 습관으로 작용합니다. 이로 인해 관찰 가능한 언어와 행동도 생각 필터에 의해 형성됩니다.

이러한 생각 필터에 이름을 붙여보면, 현재 직면한 문제 상황이 선명하게 형용사로 표현될 수 있습니다. 동시에 앞서 말한 것처럼, 나의 문제와 상반되는 형용사로 표현하면 즉각적인 관점 변화가 일어날 수 있습니다. 예를 들어 과거 중심으로 문제를 바라보고 있다는 것을 알아차렸다면, 익숙하지 않은 현재와 미래의 관점을 취할 수도 있다는 것을 이해할 수 있습니다.

또한 상담 현장에서 내담자가 사고 중심의 태도를 보인다면, 행동 중심의 태도가 상반되는 관점일 것입니다. 이렇게 발견된 상대적인 생각 필터는 변화의 방향이 될 수 있습니다.

셋째, 현재의 것과 상반되는 관점을 의도적으로 선택하기

선택한 방향으로 직접 느끼고 생각하며 말하고 행동하는 과정에서 어떤 결과가 나타나는지 경험해보면 됩니다. 이는 온몸의 감각을 통해 경험하는 것을 의미합니다. 어떤 문제가 발생했을 때, 주로 원인을 파헤치는 '원인 중심적' 태도를 가지고 있다면, 문제해결에 중점을 둔 '해결 중심적' 태도를 선택해보고, 그로 인해 앞으로 어떤 경험을 할지 마음속에서 시각적, 청각적, 촉각적인 감각으로 상상해보는 것입니다.

이러한 방법을 사용하면 처음에는 낯설고 어렵게 느껴질 수 있지만, 익숙해지면 변화를 더욱 원활하게 경험할 수 있습니다. 일상에서는 익숙한 관점에만 의존했기 때문에 현재의 문제를 만날 수도 있으며, 익숙하지 않고 생소한 상황을 문제로 인식할 수도 있다는 생각이 들 수 있습니다. 마음으로 상상하고 몸으로 경험하면서 삶을 살아보면, 점점 현실에 적응하게 되는 것을 알 수 있습니다. 다시 말해, 새로운 관점으로 보고 행동할 수 있게 되며, 그 결과가 원하는 방향과 일치한다면 그것으로 만족하고 그 경험을 즐길 수 있을 것입니다.

새로운 관점에 익숙해졌음에도 원하는 결과가 나타나지 않는다면, 다른 차원에서 새로운 시도를 해야 합니다. 이는 새로운 관점에서 다른 생각 필터를 찾고 다른 행동을 시도하여 문제를 해결하고

새로운 방법을 배우는 것을 의미합니다. 이를 요약하여 다음과 같은 순서와 절차로 해결할 수 있습니다.

- 문제의 해결이나 자아의 성장을 위한 목표를 한 가지 정합니다.
- 문제와 관련된 생각 필터를 확인합니다.
- 이전의 생각 필터에서 사용하지 않던 다른 방식을 찾아봅니다.
- 자주 활용하지 않던 생각 필터의 관점을 선택하여 어떻게 바라보게 되는지 확인합니다.
- 새로운 관점에 따른 행동을 실천해 봅니다.
- 결과를 확인하며, 원하는 결과가 나타날 때까지 필요한 경우 다른 방식으로 계속 행동해 봅니다.

현실에서 부딪히는 다양한 문제들을 해결하기 위해 반대의 관점을 가진 하나의 '형용사'를 떠올려보면, 생각과 행동의 방향이 놀랍게도 변화되는 것을 느낄 수 있습니다. 이는 간단한 방법이지만, 수시로 연습하면 익숙해지며 내 마음의 변화도 함께 나타날 것이라 확신합니다.

6

라포 형성기법

상담에서 흔히 사용되는 라포rapport는 프랑스어로 '다리를 놓다'
는 의미이며 상담의 상황에서는 사람과 사람의 마음이 연결되어 서
로 통하는 상태가 됨을 의미합니다. 라포는 커뮤니케이션 기법의
기본조건이며 기초적인 상담의 목적을 달성하는 매우 중요한 요소
로서 라포의 주요 방법들을 NLP 심리학적 관점에서 살펴보겠습니
다.

1) 페이싱

페이싱pacing은 상대방과 라포를 형성하기 위하여 자신의 호흡이
나 동작, 그리고 음조 등을 상대방과 맞추는 것을 말합니다. 쉽게 말

하면 상대방이 천천히 동작하거나 말하거나 낮은 목소리로 말한다면 자신도 거기에 맞추어 말의 속도나 음조를 낮추어 가면서 맞추어 감을 의미합니다. 일반적으로 호흡의 측면에서 본다면 대체로 초조해하는 사람과 화를 내는 사람의 호흡은 빠르고 얕습니다. 이런 경우에는 이런 상태에 있는 사람의 호흡을 따라 우선 자신도 빠르고 얕은 호흡으로 페이싱한 다음에 서서히 침착한 호흡법으로 리드해 나가면 상대방을 침착하게 안정시킬 수 있습니다.

이러한 커뮤니케이션 방법은 상대방의 의식을 바꾸는 데 특히 효과적이지만, 일상생활에서 부모와 자녀 그리고 친구와 친구 간의 커뮤니케이션에서도 아주 유용하게 활용될 수 있습니다. 한 가지 주의할 점은 무조건 상대방의 페이스에 말려선 안 되고, 상담자는 언제나 여유 있는 중립적인 포지션을 유지하면서 실천해 가는 것이 중요합니다.

2) 미러링

미러링mirrorng은 상대방과 같은 자세와 동작을 취함으로써 상대방과 라포를 만들어 가는 심리적 기술입니다. 즉 미러링은 마치 거울을 보듯이 상대방의 행동을 그대로 따라하는 기법입니다. 예를 들면 상대방이 오른쪽으로 고개를 기울이면 나는 왼쪽으로 기울이고, 상대방이 팔짱을 끼면 나도 팔짱을 끼면서 상대방과 맞추어 가는 심리적인 전략입니다. 이러한 미러링 심리기술을 자연스럽게 사용하면 의외로 간단하게 상대방과 라포를 형성할 수 있습니다. 처음에는 다소 어색한 면도 있지만, 마음을 가다듬고 진지하게 상대방에게 맞추어 보면 상대방도 동작이 일치되고 있다는 사실을 은연중에 느끼고, '함께 있다. 마음이 서로 통하고 있다'라는 감각을 느낄 것입니다. 그리고 좀 더 익숙해지면 상대방의 동작을 그대로 옮기지 않아도 미러링 할 수 있습니다. 예를 들어 상대방이 팔을 들면, 자신은 손끝만 위로 움직이면 되는 것입니다. 이렇게 하면 상대방의 움직임을 완전히 똑같이 본뜨는 것보다도 훨씬 자연스럽게 라포를 형성할 수 있습니다.

3) 백트레킹

백트레킹backtracking 기법은 상대방이 하는 말을 반복해 줌으로써 라포를 형성하는 심리기법입니다. 커뮤니케이션에서 가장 중요한 것은 상대방의 이야기에 귀를 기울여 듣는 것입니다. 그저 단순히 듣는 것이 아니라, 신경을 집중하여 듣는 것입니다.

이렇게 자신의 이야기를 상대방이 잘 들어주고 있다는 느낌이 있으면 라포는 그 어느 때보다도 쉽게 형성됩니다. 그런데 상대방이 이야기하는 중간중간에 상대방이 말하고 있는 핵심 단어를 맞장구 치듯이 그대로 되풀이하여 말하면 매우 효과적으로 상대방에게 '저 사람이 내 말을 귀기울여 듣고 있구나'하는 느낌을 줍니다. 이러한 라포형성 방법을 NLP 심리학에서는 백트레킹이라고 합니다.

예를 들어 상대방이 '나는 어제 저녁 롯데호텔에서 멋진 회식을 했어'라고 말하면 '멋진 롯데호텔에서 식사를 하셨군요'라고 되받아

반복하여 말해주는 방법입니다. 이 방법은 처음에는 다소 어색하고 생소할 수 있지만 몇 번만 실천해 보면 아주 자연스러운 대화의 방법으로 사용할 용기가 생깁니다.

백트레킹 방법은 앞서 말한 페이싱과 미러링보다 가장 상대방과 빠르고 깊게 라포를 형성할 수 있는 방법입니다. 그리고 앞에서 말한 라포 기술은 한 가지씩 따로 실천하는 것보다는 백트레킹과 미러링 등을 동시에 사용하면 그 효과는 배가 됩니다.

4) 칼리브레이션

칼리브레이션calibratition은 상대방을 잘 관찰하면서 상대방의 마음 상태를 알아가는 심리 기술입니다. 즉 상대방을 단순히 쳐다보는 것이 아니라, 주의깊게 마음의 눈으로 상대방을 바라본다는 의미입니다. 칼리브레이션은 라포를 만들기 위하여 필요한 상대방의 동작이나 호흡 상태 등을 마음의 눈으로 읽거나, 자세히 관찰하여 라포가 연결되어 있는지 단절되어 있는지도 알아차리는 심리적 활동입니다.

우리는 상대방의 표정이나 몸짓, 숨결 등을 통하여 그 사람의 심리적 상태를 알아차릴 수 있습니다. 특히 얼굴의 전체적인 색, 뺨의 색, 안면근육의 움직임 등은 상대방의 상태를 칼리브레이션 하여 관찰하는데 중요한 포인트가 됩니다. 그러나 주의해야 할 점도 있습니다. 예를 들어 어떤 사람이 '눈물'을 흘렸을 때 흔히 눈물은 슬픈 상황을 떠올리지만, 때로는 감동했을 때나 노여울 때, 그리고 기쁠 때도 눈물을 흘릴 수 있습니다. 그러므로 칼리브레이션은 항상 주변 환경을 잘 살펴보며 실천해야 합니다.

　지금까지 간편하게 상대방과 호흡하기 위한 라포의 기술과 관찰하여 알아차리는 칼리브레이션 기법에 대하여 살펴보았습니다. 사람과의 심리적 교류는 먼저 공감하고 반응하는 과정이라고 할 수 있습니다. 이러한 상대방의 이해와 더불어 나의 심리적 장애는 상대방과 함께 정서와 마음을 공유할 때 훨씬 더 적극적인 효과와 치유가 생기므로 이러한 기초적인 심리적 기법을 항상 몸에 익숙하게 익혀놓는 것이 심리치료에 중요한 요소라고 할 수 있습니다.

다치지 않고
행복할 권리

다치지 않고
행복할 권리

행복 방정식

제5장

1

우울증 상담에 관하여

마음의 감기

우울증은 단순히 슬픔과는 다른 차원의 복잡한 정신적 상태입니다. 이는 신체적인 원인, 유전적인 요소, 심리적인 부담, 사회적인 압박 등 다양한 요인으로 인해 발생할 수 있습니다. 이러한 이유로 우울증은 쉽게 이해하기 어려운 질병입니다. 때로는 주변 사람들이 그 이유를 이해하지 못하면 감정적인 지지와 이해를 제공하기 어렵습니다.

'마음의 감기'로 비유되는 우울증은 심각한 질병입니다. 정신적인 불편과 고통을 초래하는 질병으로, 일상생활에 부정적인 영향을 미칩니다. 이러한 상태에서는 일상적인 활동에 대한 흥미와 기쁨이 사라지며, 에너지가 상실되고 피로감이 지속됩니다. 마치 어두운

구름이 마음을 덮치는 듯한 느낌을 주며, 사회적 관계와 대인 상호 작용에도 영향을 줍니다.

우울증은 치료 가능합니다. 정확한 진단과 전문적인 치료 접근법을 통해 우울증의 증상을 완화시킬 수 있습니다. 약물치료, 심리치료, 심리적 지원 및 건강한 생활습관 등이 그 예입니다.

우울증이란

일반적으로 우울증은 우울한 기분과 함께 의욕 상실, 집중력 감소, 식욕 저하, 수면장애, 죄책감과 좌절감 그리고 자살에 대한 생각과 같은 여러 가지 심리적인 고통을 초래하는 정신병리 현상입니다. 이는 마음의 '병적 상태'라고 할 수 있습니다. 우울증은 마음뿐만 아니라 신체기능에도 영향을 미쳐 신체적인 장애를 일으킵니다.

우울증은 단순히 우울한 기분으로 끝나지 않고, 다양한 정서적 표현과 행동적인 장애를 동반합니다. 이로 인해 사회생활 속에서 일상적인 인간관계를 유지하는 것에 어려움을 겪기도 합니다.

우울증은 원인과 영향을 중심으로 내인성 우울증과 반응성 우울증으로 분류합니다. 내인성 우울증은 개인의 내적 요인에 기인하여 발생하는 경우를 말하며, 반응성 우울증은 외부 상황이나 사건에 대한 반응으로 인해 발생하는 경우를 말합니다.

1) 내인성 우울증

내인성 우울증은 외부 사건에 영향을 받지 않고 자신의 신체 내부의 불균형한 상태에서 발생하는 우울증입니다. 이러한 내인성 우울증은 반복적으로 양극단적인 감정 상태나 사고 형태가 나타납니다. 양극성 장애로 알려진 조울증이 이에 대표적인 예입니다.

내인성 우울증은 절망적인 사고와 감정, 조증과 울증의 반복을 주요한 심리적 특징으로 가지고 있습니다. 때로는 무심한 감정 상태가 계속되기도 합니다. 이러한 상태에서 잠깐의 행복한 감정과 절망적인 상태가 교차적으로 나타나며 강한 정서 변동이 있습니다. 또한 자신의 감정을 제어하는 것이 점점 어려워지는 특징도 있습니다.

2) 반응성 우울증

반응성 우울증은 일반적인 우울증의 대체적인 특징을 대부분 가지는 형태입니다. 내인성 우울증과 달리, 반응성 우울증은 자신을 둘러싼 외부 사건으로 인해 심한 상실감을 경험하며 발생하는 우울증입니다. 이는 사람들이 자신이 사랑하는 사람과의 이별, 갑작스러운 사망, 이혼, 자녀의 결혼, 친구의 사망과 같은 삶의 사건들로 인해 나타날 수 있습니다.

보통 반응성 우울증 환자들은 자신 내면의 분노와 좌절감을 직접 표현하지 않고 내면화하며, 동시에 자기 비난의 증상을 보이기도 합니다. 이러한 우울증은 일정한 주기로 증상이 나타나지 않으며, 약물치료보다는 심리치료가 더 효과적이라고 알려져 있습니다. 또한 반응성 우울증은 유전적 요인의 영향을 받지 않으며, 신체적인 내인성 우울증보다 증상이 상대적으로 가벼운 특징을 보입니다.

우울증의 원인

1) 상실과 상실감의 유형

구체적 상실 : 이 상태에는 상실이나 상실감을 유발했던 구체적인 사건이나 상황을 확인할 수 있는 상태입니다. 예를 들면 각종 사건 사고로 인해 상실감을 느끼는 경우 등입니다.

추상적 상실 : 이 경우에는 상실과 상실감을 느낀 상황이 눈에 보이지 않는 추상적인 경우를 말합니다. 예를 들면 남녀 간의 사랑이나 우리 자신의 자존감이나 통제력과 같은 눈에 보이지 않는 상황으로 상실이나 상실감을 느끼는 경우입니다.

가상적 상실 : 이것은 심리적으로 좀 더 구체적으로 증명하기 어려운 상상력에서 비롯된 상실과 상실감입니다. 이것은 우울증 환자의 상상력으로 인해 상실감을 가진 경우입니다. 예를 들면 실제로 존재하지도 않은 상황, 즉 친구나 지인이 자신을 미워하고 학대하고

있다고 상상하거나, 앞으로 자신의 사업이 완전히 망할 것 같은 마음속의 상상으로 인해 실제로 더욱 상실감을 가지거나 우울한 증상을 만듭니다. 이러한 상상으로 인한 상실의 감정을 경험하게 되면 그 증상은 실제적 상실로 인한 것보다 훨씬 심하게 나타나기도 합니다.

위협적 상실 : 이것은 장래에 실제로 일어나지는 않았지만 일어날 가능성이나 개연성이 많은 경우에 나타나는 상실감입니다. 예를 들면 자신의 가족이 말기 암에 걸려서 거의 죽음이 예상될 때, 죽음에 대한 공포와 사후에 닥쳐올 여러 가지 슬픈 현실이 마음속에서 일종의 위협이 되고, 그 상황이 지속적인 상실감으로 느껴져 우울증을 경험하게 되는 것입니다.

2) 부정적인 생활 사건

보통 부정적인 생활 사건은 각 개인에게 생활 속에서 급격한 변화를 초래하여 적응하는 과정에서 겪는 심한 스트레스와 좌절을 가져옵니다. 이러한 사건들은 우울증을 유발하는 주요한 요인이 될 수 있으며, 이들 속에서 우울증을 겪는 개인은 실패와 상실감을 강하게 느끼면서 우울증이 심해지는 경험을 합니다. 사랑하는 배우자의 사망, 가족의 심각한 질병, 이성친구와의 갈등 또는 이별 위기, 경제적인 파탄으로 인한 사업 실패, 실직으로 인한 상실감, 학업 부진이나 직장 업무 부진으로 인한 충격 등이 이러한 생활 사건의 예시입니다. 이러한 요인들은 각 개인이 다르게 받아들일 수 있는 강도로 작용하며, 이러한 부정적인 생활 사건은 우울증을 더 악화시킬 수 있습니다.

3) 사회적 지지 결여

사회적 지지는 개인의 삶을 지원하는 심리적이고 물질적인 도움을 의미합니다. 이는 개인에 대한 친밀감, 인정과 애정, 소속감과 돌봄, 그리고 물질적인 지원과 같은 형태로 나타납니다. 이러한 사회적 지지는 개인의 자존감과 안정감을 유지하는 데 도움을 주는 역할을 합니다. 사회적 지지는 우울증 치료에 중요한 요소로 작용할 수 있습니다. 반대로, 사회적 지지의 결여는 삶에 대한 의미와 활력을 잃게 하며, 자존감이 저하되고 우울증을 유발할 가능성을 많이 증가시킵니다. 따라서 사회적 지지는 개인의 정서적인 생활을 건강하게 유지하는 데 매우 중요한 역할을 합니다.

2

부정적 사고의 악순환 고리 끊기

우울증은 지속적으로 우울한 정서를 경험하는 기분장애입니다. 이는 단순히 일시적인 슬픔과는 다릅니다. 우울증의 주요 특징은 슬픔의 정서가 우울한 정서의 핵심이라는 점입니다. 슬픔은 자신이 중요하게 생각하는 가치나 사람을 상실했을 때 나타나는 감정이 일반적입니다.

1) 정서적인 측면

우울증을 앓는 사람은 일상생활에서 슬픔과 상실감으로 인해 지친 기분이 끊임없이 지속되어 자주 눈물을 흘리고 울게 됩니다. 동시에 자아 내에서 실패와 좌절감이 밀려오며, 자아가 무가치하고 인생이 허망하다는 느낌과 미래에 대한 절망감이 내면을 지배합니다. 비록 가족이나 친구들과 함께하지만, 외로움과 고독감에 시달리는 듯한 느낌도 들 수 있습니다. 이러한 우울한 감정과 기분은 삶의 의미 상실로 인해 얼굴에 표정이 없고 무감각한 정서 상태를 나타내기도 합니다. 또한 일상생활이 침체되고 위축되며 위생 관념이 약화되기도 합니다.

2) 인지적인 측면

우울증은 인지적인 측면에서도 부정적인 경향을 보입니다. 환자는 세상을 비관적인 시각으로 바라보며, 미래에 대해 매우 부정적인 생각을 가지고 삶과 일상에 대한 흥미를 잃게 됩니다. 또한 자신이 수행해야 할 과제에 대한 집중력이 떨어지고 동기부여가 감소하며, 때때로 기억력에도 문제가 발생할 수 있습니다. 이러한 부정적인 인지는 극단적으로 자살에 대한 생각으로 이어질 수도 있습니다.

3) 행동적인 측면

우울증을 겪을 때 일상적인 활동에 대한 시작이 어려워지며, 자신의 업무나 책임을 미루기도 합니다. 신체적인 측면에서는 아침에 기상하기 어려워지고, 일을 진행하는 데에 피로를 많이 느끼며 지치는 경향이 있습니다. 행동 속도가 느려지고, 짜증을 자주 내며 용모에 대한 관심이 줄어듭니다. 사회적인 활동에 대한 흥미가 감소하고 회피하는 경향도 나타나며, 전반적으로 행동이 위축될 수 있습니다.

4) 신체적인 측면

우울증은 신체적인 증상도 보입니다. 식욕이 감소하여 체중이 현저히 감소하거나, 반대로 식욕이 증가하여 체중이 급격히 증가할 수 있습니다. 소화불량이나 두통과 같은 신체적인 증상이 나타나며, 이러한 증상에 대해 예민하게 반응할 수 있습니다. 면역력이 저하되어 감기 등의 질환에 취약해지고, 치료에 많은 시간이 소요될 수도 있습니다. 변비, 수면장애, 과잉 수면 등의 신체적인 증상도 함께 나타나기도 합니다.

5) 사회적 관계의 측면

우울 증상이 상대적으로 경미할 때는 사회적 활동을 증가시켜 우울한 기분을 해소하려는 경향이 있습니다. 이러한 사람들은 타인의 사랑과 인정을 간절히 원하는 경향이 있기 때문에 때로는 제삼자가 관찰했을 때 부적절한 상황이 발생할 수도 있습니다. 이들은 자기 자신의 흥미나 욕구보다는 다른 사람의 욕구에 더 맞추려는 경향을 보이기도 합니다. 그러나 증상이 점점 심해질수록 이러한 타인에 대한 배려를 하는 노력이 어려워집니다. 더 심각한 상태에서는 자기 자신을 초라하게 여기고 타인에게 짐으로 느끼며 비관적으로 생각하게 되고, 말이 줄어들고 사회적 관계에서 멀어지려는 시도가 나타나기도 합니다.

우울증 치료의 방법론

우울증 치료의 효과적인 방법론은 앞에서 예시한 우울증 원인을 제거하는 것이 중요한 치료의 영역으로 될 수 있습니다.

1) 상실이나 상실감에 대한 치료

상실이나 상실감을 치료하는 과정은 상담자가 상실이 발생한 자신의 내면에서 나타나는 깊은 상처에 저항하는 과정을 자연스럽게 받아들입니다. 우울증 환자는 절망감에 빠지고 주변의 모든 관심을 상실하는 모습에서 상담자는 내담자의 관점에서 깊이 경청합니다. 마지막으로, 내담자는 상실한 대상이나 상황에 대한 애착을 더 이상 갖지 않고 마음속에서 그 상황을 해방함으로써 집착을 끊어내는 작업을 완료합니다.

2) 부정적 사고의 악순환 고리 끊기

부정적 사건은 우울증을 유발하는 주요 요소입니다. 이러한 사건은 환자의 부정적 사고가 계속해서 증가하고 자기 비하와 자기 비난으로 이어져 자아 가치와 효능감을 저하시켜 우울증을 악화시킵니다. 따라서 상담 과정에서는 부정적 생활 사건의 악순환의 고리를 끊어야 합니다. 환자에게 자기 생각을 긍정적인 방향으로 전환하고 부정적 사고의 악순환을 탈출하는 데 도움을 주는 역할을 상담 전문가가 맡게 됩니다.

3) 생각이나 신념 바꾸기

생각의 방향이 바뀌면 내면의 감정과 정서가 변화하고, 행동 또한 바뀝니다. 강하게 고집하고 있던 부정적 신념을 긍정적인 신념으로 변경하면 현실을 새롭게 인식하고 상실 감정을 희망의 감정으로 치료할 수 있습니다. NLP 심리학은 생각과 신념의 변화를 효과적으로 이끌어내는 치료 방법으로 알려져 있습니다. 이러한 변화 과정은 환자 스스로에게 어려운 과제일 수 있으므로 상담 전문가의 역할이 큰 도움이 됩니다.

4) 자기 자신에 대한 사랑과 긍정적 사고하기

우울증을 겪는 많은 사람은 자기 자신에 대한 깊은 신뢰와 사랑이 부족합니다. 따라서 우울증을 극복하고 자기에 대한 사랑을 통해 긍정적인 사고를 갖기 위해서는 타인의 모습과 성공을 부러워하거나 비교하는 생활습관을 개선해야 합니다. '진정한 나 자신이 되고 싶다'는 강한 신념을 가지고 자기 사랑으로 변모시켜 자신에 대한 긍정적인 이미지를 강화하는 것이 우울증을 치료하는 데 도움이 될 수 있습니다.

핵심 감정 찾기

우리의 깊은 무의식에는 그동안 쌓여온 해결되지 않은 고유한 성격이 존재합니다. 또한 어린 시절의 상처가 우리의 행동, 인격, 신념 체계에 영향을 미치고 있다는 사실을 인정해야 합니다. 내면을 자세히 살펴보면 이성적으로 살아온 것 같아도 무의식적으로 감정에 휘둘리며 삶의 선택을 한다는 것을 알 수 있습니다. 그러므로 학교에서 학생이나 학부모를 상대로 어떤 상담이론이나 기법을 사용하더라도, 먼저 내담자의 감정에 공감하면서 상처받은 마음속으로 들어가야 효과적인 심리치료와 치유를 할 수 있습니다. 이를 위해 사람의 감정에 대한 일반적인 이해와 효과적인 감정관리 방법에 대해 알아보겠습니다.

현재 자기 감정의 본질과 형성 과정

우리는 대부분 건강하고 행복한 삶을 살기를 바라는 마음을 가지고 있습니다. 그러한 삶은 우리의 마음속에 위치하고 있습니다. 이는 우리의 감정이 그 속에 담겨 있기 때문입니다. 그래서 우리는 순간마다 내 마음 상태를 알아내기 위해 깊은 곳에서 떠오르는 감정을 이해해야 합니다. 이를 자기 이해라고 부릅니다.

내 감정을 이해한다는 것은 내 삶이 내 감정에 기반해 선택된다는 것을 의미합니다. 그렇다면 이러한 선택의 동기는 무엇일까요? 우선 우리는 매 순간 떠오르는 감정을 인식해야 합니다. 이것이 진정한 자기 이해의 방법입니다. 그리고 내 삶의 매 순간에서 선택하는 동기를 다시 한번 확인하고 선택하는 상황의 근본적인 이유를 찾아야 합니다.

마침내 우리가 매 순간의 생각, 감정, 행동, 선택을 결정하는 것은 알지 못하는 마음속 움직임에 있다는 것을 깨닫게 됩니다. 때로는 어려운 상황에서 '왜 이럴까?'하며 마음의 행동을 이해하지 못하면 주변에서 일어나는 일에 대해 혼란스러워하며 자신감이 흔들립니다. 종종 앞으로 닥칠 일들에 대한 두려움이 생기기도 합니다. 그 이유는 바로 우리가 인식하기 어려운 마음속 감정의 영향과 핵심 감정이 삶을 이끄는 데 영향을 미치기 때문입니다.

나의 핵심 감정 찾기와 마음의 성장

나의 핵심 감정은 내가 지금까지 살아오면서 마음속에서 삶을 이끌어온 감정입니다. 이 감정은 한편으로는 내 마음의 고통의 원인이 되며, 또한 내 내면에서 다양한 삶의 상황에서 선택을 주도하고 이끌어온 감정입니다. 이로 인해 나의 핵심 감정은 내 마음의 생각과 함께 현재의 행동, 삶의 방식, 그리고 세상을 대하는 나만의 패턴을 형성해왔습니다. 그러나 이 감정이 내 마음의 건강에 부정적인 영향을 미쳐 세상이나 사람에 대한 부적응을 가져오고 마음의 고통의 근원이 되기도 합니다.

따라서 마음의 치유나 성장을 위해서는 나를 이끄는 핵심 감정을 빠르게 확인하고, 그 감정에 더 이상 마음과 삶을 맡기지 않는 연습이 필요합니다. 핵심 감정은 내 삶의 방식, 가치관, 세계관의 기반이 되는 감정입니다. 따라서 이 감정은 내 삶에서 반복되는 실패, 실수, 문제 행동, 그리고 대인 관계의 중심에 존재하는 경우가 많습니다.

핵심 감정이 생기는 원인은 어릴 때 우리를 돌보던 중요한 사람들과의 관계에서 생긴 마음의 상처나 부정적인 감정들이 해결되지 않고 남아 단단해진 것입니다. 이는 어머니나 아버지와의 관계에서 사랑받고 싶은 마음이 좌절되었을 때 느끼는 분노로 설명할 수 있습니다. 이러한 어린 시기의 마음의 상처는 내게서 핵심 감정을 형성하는 돌덩어리로 남습니다.

핵심 감정을 빨리 알아차리고, 나의 상처와 장점을 새로운 시각으로 받아들이며 포용하는 것은 마음의 감정을 건강하게 성장시키는 방법입니다. 마음의 상처는 중요한 다른 사람들로부터 사랑과 자아 가치, 인정을 받지 못하거나 부족함을 느낄 때 생기는 거절감입니다. 이는 자신이 부모나 세상에서 버림받은 느낌을 주고, 결국 세상이 나를 버렸다는 감정이 생깁니다. 다시 말해 부모나 세상이 나를 사랑하지 않으므로 나 자신도 나를 사랑할 수 없는 사람으로 여기며, 황량한 감정을 품게 됩니다. 이런 때 느끼는 감정이 거절감입니다. 거절감은 마음 상태에서 가장 심각하고 위험한 감정으로 볼 수 있습니다.

깊게 자리잡은 거절감은 심리적 상처의 주된 원인이며, 성격 전반에 부정적이고 파괴적인 영향을 미칩니다. 보통 사람들은 거절감을 경험하면 더 큰 상처를 입지 않도록 자신을 보호하기 위해 마음의 벽을 쌓게 됩니다. 이 순간에는 진실한 모습이 숨고 거짓된 자아가 자리 잡습니다. 이러한 거짓 자아는 나 자신을 사랑하거나 귀하게 여길 수 없으므로 다른 사람들도 나에게 호의적이거나 사랑을 베풀지 않는다고 느낍니다. 이로 인해 거절감을 경험하는 악순환이 계속되며, 마음은 항상 외로움과 허전함을 느낍니다.

거절감을 지니게 된다면

사람들이 보통 거절감을 느낄 때 크게 두가지의 모습이 나타납니다. 첫 번째는 거절감으로 인한 상처로 자신을 학대하는 모습이고, 두 번째는 마음속의 화가 난 감정을 가지고 타인을 학대하는 모습입니다.

1) 자기학대의 모습
자기학대를 하는 사람의 모습을 구체적으로 살펴보겠습니다.

첫째, 슬픔의 감정이 강해집니다. 처음에는 상실을 경험한 후에 따라오는 정상적인 애도 과정으로 슬픔은 자연스러운 것입니다. 하지만 장기간 지속되면 만성적인 슬픔이 되어 정상적인 관심을 잃게 됩니다. 이로 인해 부정적인 관계가 형성될 수 있습니다.

둘째, 자기연민의 감정이 강해집니다. 자기연민은 슬픔과 밀접한 관련이 있으며, 지속해서 자신을 위로하고 실망감에 대처하려는 것입니다. 자기연민에 빠진 사람은 거절감을 표출하는 것으로 생각하지만, 결과적으로는 거절감을 더욱 강화시킵니다.

셋째, 자기 증오의 감정을 갖게 됩니다. 자기 증오는 다른 사람들로부터 거절을 받은 후 스스로를 거절하는 감정으로 수치감으로 나타납니다. 이는 중독, 배신, 성적 학대 등 인간관계에서 깊은 충격이나 상처를 받은 사람들에게 흔히 나타나는 감정입니다. 특히 가족 구성원으로부터 배신과 버림을 받았을 때 이러한 상처는 내면에서 자기 가치를 거부하는 것으로 이어집니다.

넷째, 무관심하거나 냉담한 감정을 갖게 됩니다. 무관심은 열정 없이 존재하며, 의미와 희망이 없는 상태로 생각과 감정이 무감각해지는 나태한 심리 상태입니다. 무관심은 삶의 도전을 포기했음을 보여주는 초기 신호일 수도 있습니다. 이러한 무관심은 거절과 실패의 감정에서 비롯됩니다. 내면에서 들려오는 목소리는 '무슨 소용이 있을까?'라고 자신에게 말합니다. 이러한 사람들은 삶의 아픔이나 고통에 대항했지만 실패하면서 자신과 타인에 대해 냉담해진 것입니다.

다섯째, 불안전한 감정을 강하게 가집니다. 이는 미래의 불확실성과 보상이 없는 내일에 대한 두려움으로 인해 지속적인 공포를 경험합니다. 이는 개인의 결핍과 어릴 때 받은 거절의 메시지로 인한 결과입니다.

여섯째, 실패를 두려워하는 감정을 갖게 됩니다. 거절감을 느끼는 사람들은 자신이 가치 없다는 신념을 만들어 계속해서 자신이 부적절하다고 느낍니다. 어릴 때부터 자신이 실패자이고 좋지 않은 사람이라고 들었기 때문에 실패에 대한 두려움을 강박적으로 가지고 있으며, 일을 할 때마다 실패를 예상하며 일을 합니다. 이러한 태도로 결국 실패를 반복하게 됩니다.

일곱째, 강한 수치심의 감정을 가지게 됩니다. 수치심은 다른 사람들보다 자신이 더욱 잘못되었다고 느낍니다. 자기를 가치 없다고 생각하는 수치감은 자기 거부와 자기 중오의 감정을 가져옵니다. 이러한 감정은 사람은 완벽해야 한다는 거짓된 믿음에 깊이 뿌리박혀 있습니다.

여덟째, 낙심의 감정을 가지게 됩니다. 낙심은 자신의 감정이 사라져가며 죽어가는 경험입니다. 이는 마음과 영혼이 흥미를 잃고 상실감을 느끼는 것을 의미합니다. 또한 문제와 어려움에 압도되어 균형을 잃고, 결국 삶을 포기하게 되는 결과를 가져올 수도 있습니다.

아홉째, 강한 절망의 감정을 가지게 됩니다. 절망은 낙심보다 더 깊은 부정적인 정서로, 인생을 포기하고 싶어지는 마지막 감정입니다. 절망은 영적인 눈과 귀를 막아버리고, 타협적인 양심을 갖게 하여 타인에게 억압된 반응을 보일 수 있습니다.

2) 타인을 학대하는 모습, 공격적인 성격을 가진 사람들은 거절에 대해 타인을 학대하며 반응하기도 합니다. 이는 거절을 받을 만한 사람이 아니라는 것을 증명하기 위한 공격적인 반응입니다.

첫째, 자만심이 있습니다. 자만심은 다른 사람들에게 무관심하거나 격리된 태도를 보이며, 개인적인 자부심과 자기중심주의를 반영합니다. 이러한 사람들은 대개 매우 외로운 경향이 있습니다. 자만심은 복잡한 궤변과 결합하여 나타납니다.

둘째, 궤변이 있습니다. 궤변은 자만심이 많은 사람의 일반적인 특징이며, 간단한 것을 복잡하게 만듭니다. 자만심과 복잡한 궤변은 대화를 피상적으로 만들고 논리를 조작하여 비현실적인 면을 갖게 합니다. 이러한 사람들은 보통 옳고 차분하게 보이려는 욕구가 있지만, 그 안에는 불안전감, 두려움, 열등감 등이 숨어 있을 수 있습니다.

셋째, 고집이 있습니다. 고집은 열등감과 불안전감의 다른 신호로, 특히 새로운 상황에서 나타납니다. 이는 어린 시절의 습관적인 패턴에서 유래될 수 있는데, 특히 자신의 지위를 남용하는 권위자에 대한 태도에서 발생할 수 있습니다.

넷째, 우월감이 있습니다. 우월감은 학문, 지성, 종교, 전문직 분야에서 흔하게 나타나는 특징입니다. 종종 우월감은 열등감에서 전환된 결과입니다. 우월감의 근간에는 깊은 열등감과 불안전감이 존재합니다.

다섯째, 경쟁심이 있습니다. 경쟁심은 과도한 성취 욕구, 일중독, 행위 중심적인 태도, 완벽주의와 관련이 있습니다. 이러한 사람들은 사랑을 받거나 대단한 인물로 인정받기 위해 잘못된 동기로 행동하며, 자신이 '나는 할 수 있다'는 것을 세상에 입증하려고 노력합니다. 경쟁적인 태도는 어린 시절 부모들이 자녀에게 학업이나 스포츠에서 뛰어나도록 압력을 하는 것에서 시작될 수 있습니다.

여섯째, 군림이 있습니다. 군림은 사랑의 결핍으로부터 비롯된 불완전감의 신호입니다. 많은 아내들이 군림을 원하지 않지만, 자연스럽게 그러한 상황에 빠지곤 합니다. 내면 깊숙한 곳에 군림을 바라는 욕구로 있으면, 애정과 대화를 원하는 아내의 욕구는 거의 충족되지 않습니다. 남편의 군림 욕구, 아내의 애정 욕구가 서로 상충하면서 문제를 일으키는 경우가 부부 사이의 문제에 주로 나타납니다.

일곱째, 조종이 있습니다. 조종은 기만적이거나 간접적인 수단을 사용하여 사람이나 환경을 지배하려는 시도입니다. 조종은 반항의 중요한 증상이자 가장 강력한 증상 중 하나이기도 합니다. 그 영향력은 다양합니다. 조종은 후천적으로 생성되며, 사랑을 의미하는 '주는' 면과는 명확히 구분되는 특징이 있습니다. 조종에는 능동형, 수동형, 경쟁형, 무관심형 등 4가지 유형이 있습니다.

여덟째, 배우려 하지 않는 태도가 있습니다. 이는 '나는 이미 다 알고 있어. 새로운 것이 없어. 전에 이미 다 들었어'라는 내면의 말과 관련이 있습니다.

아홉째, 망상이 있습니다. 기만이 만성화되면 쉽게 망상으로 전개됩니다. 상상과 망상은 불신을 품는 편집증과 과대망상증으로 전개될 수 있습니다.

적개심과 원망은 많은 문제들의 이면에 존재하는 감정입니다. 이러한 감정은 상처를 입었을 때 분노, 적개심, 원망, 증오, 살인 충동의 순서로 나타날 수 있으며, 이러한 감정이 그대로 전개된다면 살인과 같은 위험한 결과를 초래할 수 있습니다.

지금까지 살펴본 것처럼, 우리 삶을 자신도 모르게 이끌어가는 내면의 핵심 감정과 부정적 감정들 중에서도 거절에 대한 감정은 파괴적인 상태를 야기하며, 타인을 학대하는 병리적 현상을 초래할 수 있다는 것을 알게 되었습니다. 따라서 상담이나 심리치료를 진행할 때에는 먼저 내담자의 괴로움을 일으키는 부정적 감정이 무엇인지를 신속하게 파악하는 것이 중요합니다. 그것이 내담자와 공감하는 상태를 형성하는 데에 있어서 가장 필수적인 요소입니다.

4

성격장애의 유형과 특징

    지금까지 상담이론과 기법들은 주로 좌뇌 중심의 지식 교육에 의존해 왔습니다. 그러나 이러한 상담이론과 기법들이 실제로 얼마나 효과적인지를 검증하기는 어려운 문제입니다. 때로는 상담 현장에서 지식적인 이론과 기법들이 표본처럼 적용되지 않는 것 같아 상담 전문가로서 반성할 필요가 있다고 생각됩니다. 이제 우리는 모든 상담이론과 기법, 그리고 내담자에 대한 공감 상황에서 우뇌 중심의 감각적 경험에 집중해야만 실제적인 변화와 효과를 얻을 수 있습니다. 이런 방식의 심리치료가 진정한 치료로 이어지며, 무의식적인 행동과 신념의 변화를 통해 부정적인 신념에서 긍정적인 신념으로 삶을 바라보는 관점이 변화할 수 있습니다. 따라서 여기에서는 상담 현장에서 발생하는 심리적 장애와 증상을 정확히 분석하여 적합한 심리치료 방법에 대해 알아보겠습니다.

성격장애의 개념과 특징

1) 성격장애의 개념

성격장애는 개인이 속한 문화에서 기대되는 행동과 내적 경험이 현저하게 편향된 상태가 지속해서 보이는 성격 유형을 말합니다. 이러한 상황은 상당히 자주 나타납니다. 성격장애로 판단되는 경우 주로 청소년기나 성인기 초기에 발병하며, 시간이 지나도 성격적 특징이나 심리 상태가 변하지 않고 유지되며, 이로 인해 심리적 고통이나 손상을 초래합니다.

2) 성격장애의 종류와 주된 특징들

미국 정신의학회APA의 정신질환의 진단 및 통계편람DSM-5에 따르면 성격장애는 다양한 종류가 있으며, 각각의 성격장애는 고유한 특징을 가지고 있습니다. 미국정신의학회의 정신질환의 진단 및 통계편람에서 설명하는 일반적인 성격장애의 특징은 다음과 같습니다.

① 편집성 성격장애의 특징 : 다른 사람의 동기를 악의로 해석하고

타인에 대한 전반적인 불신과 의심을 보입니다.

② 조현성 성격장애의 특징 : 사회관계와 유대관계에서 소외되고 감정을 제한된 범위에서 표현하는 양상을 보입니다. 또한 개인 간 친분을 갑작스럽게 불편하게 느끼며, 인지 및 지각의 왜곡과 괴이한 행동을 보입니다.

③ 반사회적 성격장애의 특징 : 다른 사람의 권리를 무시하거나 침해하는 행동 양상을 지속해서 보입니다.

④ 경계성 성격장애의 특징 : 대인 관계와 자아상의 불안정성, 충동적인 행동 양상을 보입니다.

⑤ 연극성 성격장애의 특징 : 과도한 감정 표현과 주목받으려는 행동 양상이 나타납니다.

⑥ 자기애성 성격장애의 특징 : 행동의 과대성(공상적인 행동 등), 자아 숭배와 타인에 대한 공감 부족이 나타납니다.

⑦ 회피성 성격장애의 특징 : 사회적 관계의 억제와 부적절한 자기 평가에 대한 예민함이 있습니다.

⑧ 의존적 성격장애의 특징 : 타인으로부터 돌봄을 받으려는 과도한 욕구와 매달리는 행동이 나타납니다.

⑨ 강박성 성격장애의 특징 : 일상생활에서 체계와 완벽주의, 조절에 지나치게 집착하는 행동 양상이 나타납니다.

앞에서 열거한 성격장애는 증상의 유사성에 따라 A, B, C의 3가지 군으로 분류합니다.

A군에는 편집성 성격장애와 조현성 성격장애가 포함되어 있으며, 이들은 괴상하고 편향된 성격적 특성을 보입니다.

B군에는 반사회성 성격장애, 경계성 성격장애, 연극성 성격장애, 자기애성 성격장애가 속해 있습니다. 이들은 극적이고 감정적이며 변덕스러운 성격적 특성을 보입니다.

C군에는 회피성 성격장애, 의존성 성격장애, 강박성 성격장애가 포함되어 있습니다. 이들은 불안하고 겁이 많은 특성을 보입니다. 그러나 이러한 분류는 절대적인 것은 아니며, 상황에 따라 다양한 양상이 나타납니다. 학술적 연구에는 매우 유용한 분류로 알려져 있습니다.

각각의 성격장애 별로 주요 증상이 있습니다. 우리는 이러한 증상을 알아보는 것으로 해당 성격장애를 이해하고 대처하는 데 도움을 줄 수 있습니다.

각 성격장애 유형에는 특정한 패턴이 있으며, 이를 파악하는 것은 성격장애를 가진 개인과의 상호작용을 이해하는 데 도움이 됩니다. 또한 주요 증상을 알아볼 수 있다면, 해당 성격장애에 대한 적절한 지원과 치료 방법을 선택하는 데 도움을 줄 수 있습니다.

편집성 성격장애Paranoid Persnality Disorder의 주요 증상

불신과 의심

다른 사람의 동기를 악의적으로 해석하고 타인에 대한 불신과 의심을 보입니다. 이 특징은 성인기 초기부터 시작하여 다양한 상황에서 나타납니다. 또한 편집성 성격장애를 가진 사람들은 충분한 근거 없이 다른 사람이 자신을 착취하고 해를 끼치며 기만하고 있다고 확신하는 경향이 있습니다.

음모론적 사고

명백한 근거가 없음에도 불구하고 자신을 향한 음모를 꾸미고 갑작스럽게 공격받고 있다고 의심하는 특징이 있습니다. 이런 사람들은 종종 근거 없는 상처를 받았다고 느끼며, 친구나 동료들의 충정과 신뢰를 의심합니다. 그들의 행동을 세심하게 관찰하여 악의적 동기가 없다는 점을 확인하는 것이 중요합니다.

비밀과 거리두기

편집성 성격장애가 있는 사람은 자신에게 해를 끼칠 수 있다는 두려움으로 인해 다른 사람들과의 관계에서 비밀을 지키거나 거리를 두는 특징을 보입니다.

원한과 용서의 어려움

지속해서 다른 사람에 대한 원한을 품고, 자신이 받았다고 생각하는 모욕, 상처, 경멸에 대해 용서하기 어려운 경향이 있습니다.

적대적 감정과 질투

사소한 경멸에도 강한 적대감을 일으키며 적대적인 감정은 오랫동안 지속됩니다. 이러한 성격장애자들은 자주 자신의 성격이나 명성에 대한 공격을 받았고, 다양한 방법으로 경멸을 받았다고 느낍니다. 모욕을 받았다고 느끼면 즉각적인 반격과 화를 내기도 하며, 정당한 이유 없이 애인이나 배우자의 충정에 대해 반복적으로 의심합니다.

조현성 성격장애의 증상

조현성 성격장애는 사회적 유대관계에서 분리되거나 유리해지며, 제한된 감정 표현을 보이는 특징이 있습니다. 이러한 성격장애는 주로 성인기 초기에 다양한 상황에서 나타납니다. 조현성 성격장애가 있는 사람은 친밀감을 느끼는 욕구가 부족하고 친밀한 관계를 형성하는 기회에 관심이 없으며, 가족이나 사회집단에 속하는 곳에서 충분한 만족을 얻지 못합니다.

혼자 있는 것을 선호함

이들은 종종 사회적으로 고립되고 혼자 있기를 선호하며, 혼자서 하는 활동이나 취미를 선택하는 경향이 있습니다.

추상적인 업무를 선호함

수학적이거나 추상적인 업무를 선호합니다. 예를 들어, 컴퓨터나 수학 게임 등에 흥미를 갖는 경우가 많습니다.

대인관계가 즐겁지 않음

대인관계에서 즐거움을 거의 느끼지 못합니다. 그래서 이들은 가족이나 친족 이외에는 친한 친구나 동료가 거의 없는 경우가 많습니다.

타인의 생각에 신경쓰지 않음

다른 사람의 칭찬이나 비난에 무관심한 것처럼 보이며, 자신에 대한 타인의 생각에 신경을 쓰지 않는 경향이 있습니다. 또한 이들은 사회적인 미묘한 차이를 인식하지 못하고 사회적 신호에 적절하게 대응하지 못하는 피상적인 행동을 보입니다. 외모나 표정 등에서 감정을 잘 표현하지 않습니다. 또한 강한 감정을 경험하지 않는다고 말하기도 합니다.

반사회성 성격장애

반사회적 성격장애는 다른 사람들의 권리를 무시하거나 침해하는 지속적인 행동 양상을 보이며, 이는 아동기부터 성인기까지 지속될 수 있습니다. 이러한 성격장애는 일명 '사이코패스'로 알려져 있으며, 거짓말과 속임수도 특징입니다. 정확한 진단을 위해서는 18세 이상이어야 하며, 15세 이전에 품행장애의 증거가 있어야 합니다. 품행장애는 다른 사람의 권리나 사회적 규범을 반복적으로 어기는 행동을 말합니다.

반사회적 성격장애의 주요 증상 중 첫 번째는 사회적 규범을 어기고 다른 사람의 재산을 파괴하거나 괴롭히는 행동, 절도, 불법적인 활동을 지속적으로 추구하는 것입니다. 이러한 사람들은 다른 사람의 권리와 감정을 무시하며, 자신의 이익과 쾌락을 위해 거짓말과 속임수를 자주 사용합니다. 또한 가짜 이름을 사용하거나 사기를 치고 꾀병을 부리는 등의 행동을 보일 수 있습니다.

두 번째는 충동적으로 결정을 내리며, 그 결정이 자신이나 다른 사람에게 어떤 결과를 초래할지 심사숙고하지 않습니다. 이들은 불안정하고 공격적인 성향을 가지며, 싸움이나 폭력에 반복적으로 개입합니다. 따라서 안전을 무시하는 행동이나 과속 운전, 음주 운전 등을 자주 보일 수 있습니다.

그리고 지속적으로 무책임한 행동을 보입니다. 다른 사람을 상처 주거나 학대하거나 물건을 훔치는 행동에 대해 무관심하거나 자기

합리화를 합니다. 이들은 희생자를 비난하며 위협하고, 자신의 행동의 위험성을 축소하거나 무관심하게 대응합니다.

경계성 성격장애

경계성 성격장애의 주요 특징은 실제 또는 상상 속에서도 버림받지 않기 위해 극단적인 노력을 한다는 점입니다. 이들은 인간관계에서 헤어짐, 거절 또는 외부체계의 상실을 미리 예지하게 되면 자아, 정동, 인지 및 행동에서 심각한 변화를 보입니다.

첫 번째 주요 증상은 환경적인 상황에 매우 민감하다는 것입니다. 잠시 이별하거나 계획을 변경해야 하는 상황에 직면하면 버림받을 것에 대한 강한 공포와 부적절한 분노를 느낍니다. 그들은 자신이 나빠서 버림받았다고 믿습니다. 이러한 공포는 혼자 있는 것을 견딜 수 없어 하고 주변에 항상 다른 사람이 있어야 한다는 욕구와 관련이 있습니다.

두 번째 주요 증상은 자신이 버림받는 것을 피하고자 극단적인 노력을 한다는 점입니다. 이로 인해 충동적인 행동이 나타나며, 자해나 자살을 시도하기도 합니다. 그들은 항상 불안정하고 격렬한 대인 관계를 가지며, 자기 이미지나 자아에 대한 느낌의 현저하고 지속적인 불안정성을 보입니다.

세 번째 주요 증상은 자신을 손상시키는 충동성을 최소한 두 가지 이상 보인다는 점입니다. 이는 도박, 돈 낭비, 폭식, 물질 남용,

위험한 성행위 또는 무모한 운전 등을 포함할 수 있습니다. 이러한 환자들은 자살 시도나 자해 행동을 반복적으로 보일 수도 있으며, 이런 행동은 도움을 요청하기 위해 나타날 수 있습니다. 또한 화를 조절하지 못하거나 과도하게 폭발적인 반응을 보일 수도 있습니다.

상담 전문가는 현장에서 상담과 심리치료를 병행할 때, 정신적인 장애나 정신병리적 증상을 신속하게 구분하고 이해하게 되면 적절한 심리치료 방법과 기법을 선택할 수 있습니다. 앞서 언급한 몇 가지 예시는 상담 전문가들이 자주 마주치는 비슷한 심리적 장애나 증상을 구분할 수 있는, 성격장애의 특징들을 나열한 것입니다. 따라서 최소한의 심리적 장애의 특징을 구분함으로써 내담자에 대한 상담 전략을 수립하고 동시에 문제 행동을 수정하는 고민을 해결해 나가야 합니다.

5

마음 치유는 용서에서 시작합니다

상담과 심리치료에서 내담자가 가장 어려워하는 부분은 자신을 고통에 빠뜨린 '심리적 가해자'를 수용하거나 용서하는 것입니다. 이러한 부분들에 대해 내담자는 장벽을 느끼고 절망하여 상담을 포기하는 경우도 종종 있습니다. 용서는 심리적으로 벗어나고 분리하려는 과정으로, 이는 결코 쉬운 일이 아닙니다. 용서란 신실한 종교인들조차 어려워하는 부분입니다.

이번에는 더 깊은 마음의 영역으로 진입하여 자신의 심리적 상태를 관찰하고 때로는 분리하는데 유용한 방법에 대해 알아보겠습니다.

우리가 용서해야 하는 이유

우선 용서에 대해 이해할 필요가 있습니다. 용서란 나에게 상처 준 사람의 가해 행위에 정당성을 부여하거나 면죄부를 주는 것이 아닙니다. 용서는 상황 그 자체를 있는 그대로 이해하고 마음속 깊은 곳의 평화를 느끼는 회복 과정입니다.

자기 마음속의 심리적인 느낌을 책임지고자 할 때, 지나온 상황을 얘기하며 피해자가 아니라 당당하고 자신감 있는 주인공으로 자신을 그려낼 수 있을 때 평화로운 감정이 생겨납니다. 이러한 평화로운 느낌이 용서입니다. 우리는 과거라는 시간을 변화시킬 수 없습니다. 그것은 현재가 아닙니다. 그러나 우리는 과거의 사건을 마음속에 직접 가지고 있는 것이 아니라 과거의 사건에 대한 해석만을 가지고 있습니다. 따라서 용서는 과거 사건을 해결하는 것이 아니라 마음속의 상처에 대한 인식을 해결하는 데에 주력해야 합니다. 용서는 어떤 의미에서 과거의 힘든 기억을 치료하는 행위입니다.

용서를 통해 얻을 수 있는 이점

첫째, 가장 큰 이점은 과거 피해자의 행동에 영향을 받지 않겠다고 선언하며 심리적 치유를 느끼는 경험입니다. 용서하는 마음으로 내면의 감정을 새롭게 받아들이고 마음의 평정을 찾아 새로운 시각으로 가해자를 바라볼 수 있게 합니다.

둘째, 자신이 심리적으로 성장하고 있다는 것을 발견할 수 있다는 점입니다. 용서의 심리적인 힘은 그것을 경험한 사람들만이 알 수 있는 비밀입니다. 그들의 일반적인 고백은 '처음에는 상황을 떠올리기가 괴롭고 어려웠어요. 그러나 용서를 마음먹은 후에는 마치 새로운 사람이 된 것 같았고, 내 자신이 크게 성장했다는 것을 발견했어요'라고 합니다. 심리적으로 평가해보면, 용서는 강한 사람들만이 할 수 있는 행위일지도 모릅니다. 왜냐하면 용서 자체가 강한 의지력을 보여주는 심리적인 행동이기 때문입니다.

셋째, 용서의 이점은 용서를 통해 현재를 즐길 수 있다는 점입니다. 용서를 함으로써 내면의 심리적 상태가 과거에서 벗어나 현재를 즐길 수 있는 상태를 유지할 수 있습니다. 과거에 갇혀 있다면, 내 주변의 소중한 사람들을 의심하며 거리를 두고 지낼 수 있습니다. 또한 내 자신이 과거에 묶여 있다면, 진정으로 고통받는 사람들은 주변 사람들입니다. 왜냐하면 그들에게 상처를 줄 수 있기 때문입니다. 용서를 하고 현재에 머물면 이전에 보이지 않았던 주변 사람들과의 영적인 선물이 보이게 됩니다. 우리는 소중한 사람들에게 더 많은 사랑과 배려를 베풀 수 있게 되는 것입니다.

용서해야 하는 이유

마음 치유를 위해 용서의 과정이 필요한 이유는 내담자가 용서하지 않으면, 정말로 심각한 정신적·심리적·생리적 고통을 경험하며 동시에 상담 및 심리치료의 효과가 크게 떨어지기 때문입니다. 용서의 과정이 없으면 내면에서 심리적 가해자에 대한 원한과 분노가 내담자를 지배합니다. 상황이 심하면 용서하는 과정이 매우 어려워지고, 신체적인 변화나 극단적인 선택을 할 수도 있습니다. 고혈압, 당뇨병, 불면증, 우울증과 같은 신체적 질병 증상과 함께 자살 충동과 같은 여러 가지 문제가 발생할 수 있습니다. 그렇다면 피해자는 왜 용서를 망설이거나 쉽게 할 수 없을까요? 그 이유를 살펴보겠습니다.

피해자가 용서를 망설이는 이유

첫째, 심리적인 피해자가 용서한다면 그 이후에 받을 심리적인 대가가 지나치게 크다고 판단하기 때문입니다. 다시 말해, 용서하면 심리적 가해자에 대한 상처나 고통에 대해 충분한 보상을 받지 못할 것이라는 심리적 현상이 나타날 수 있습니다. 인간은 자기 자신에게 보상을 받고자 하는 욕구와 동기가 있습니다. 이런 보상은 정신적인 측면과 물질적인 측면이 모두 있습니다.

둘째, 동기부여가 부족하다는 점입니다. 왜 용서해야 하는지에 대한 근본적인 이유를 찾지 못하여 '왜 나는 그 사람을 용서해야 하나요? 지금 이렇게 피해를 입은 것도 억울하고 분한데 용서까지 해야 하다니 기가 막히네요'라는 생각이 내면에 존재할 수 있습니다. 이렇게 내담자가 용서의 이점을 보지 못한다면, 용서는 정말로 위대하고 내적인 가치를 지니며, 그 안에는 마음의 평안과 기쁨이 있으며, 또한 내면의 피해의식에서 벗어나는 것만으로도 얼마나 자유로운지 알려줘야 합니다. 자기 자신이 내면으로부터 자유를 얻는다는 것은 삶 속에서 큰 기쁨과 만족을 가져다 주기 때문입니다.

셋째. 용서를 한 이후에 용서가 가져다줄 긍정적인 영향을 미리 체험하기 어렵다는 점입니다. 앞에서도 강조했지만, 용서는 자신을 위해서 하는 것입니다.

넷째, 만일 내담자 자신이 가해자보다 큰 존재임을 알아야 용서가 가능해진다는 점입니다. 일반적으로 상담 과정에서 피해의식을 가지고 있는 사람들은 그 상황에서 벗어나기 어려워 하지만, 자신을 크게 여기고 훌륭하게 생각하는 사람들은 언제나 자유와 풍요를 경험하는 경향이 많으며, 용서는 종종 인간에게 강력한 에너지를 가져다준다고 말합니다.

삶의 패턴과 용서

상담 시에 피해입은 내담자가 가해자를 용서하지 않는 패턴이 형성됩니다. 이는 가해자와 피해자라는 이분법적인 패턴으로 나타납니다. 항상 둘 중 하나가 가해자이고 다른 하나가 피해자로 규정되는 심리적인 패턴이 형성되는 것입니다. 이러한 관계 속에서는 사랑이나 우정이 존재하지 않고, 대신 적개심, 미움, 시기와 질투가 자리합니다. 이러한 내담자는 상처에 많은 정서적 에너지를 소모하면서 실망과 상처를 자꾸 생각해 치유에 필요한 마음의 에너지가 감소합니다.

용서는 어떤 의미에서 선택이라고 할 수 있습니다. 실제로 용서의 마음이 일어나지 않는다고 용서를 강요할 수는 없습니다. 용서의 결정은 심리적 피해자가 하는 것이며, 이 선택은 내면의 자유에서 나옵니다. 상담 현장에서 심리적인 피해를 입은 내담자에게 용서의 훈련을 하고자 할 때, 다음의 준비 단계가 필요합니다. 먼저, 피해자의 심리 상태가 행복한 느낌이 있어야 효과를 볼 수 있습니다. 즉, 현재 기분이 좋은 상태에서 시작해야 한다는 의미입니다. 또한 상담자는 내담자가 내면에 숨어 있는 아름다움과 사랑의 가능성을 스스로 발견하도록 도움을 주는데 집중해야 합니다. 용서를 위한 실천사항을 정리하면 다음과 같습니다.

- 현재 내담자가 내면에서 행복한 느낌을 가졌는지 체크해 보기
- 심리적 가해자보다 심리적 피해자가 훨씬 큰 존재임을 깨닫고 있는지 체크해 보기
- 심리적 가해자의 상태를 보면서 거리를 두고 다시 바라보기
- 심리적 피해자의 내면의 체험을 한두 명의 친구나 가족에게 이야기해 보기

실천 단계 중에는 우선적으로 현재 시점에서 심리적인 안정을 조성해야 합니다. 상담자는 내담자들이 자신의 기분을 조절하는 방법을 스스로 찾아보도록 도움을 주어야 합니다. 이를 위해 내담자들이 세상에는 감사할 일이 많고 아름다움을 느낄 수 있는 경험들이 가득하다는 것을 내면에서 실제로 경험하도록 도와줍니다. 이를 통해 용서와 감사하는 마음은 상처를 받았더라도 그것에만 집중할 필요가 없다는 사실을 다시 한번 상기시켜 줍니다.

다른 사람에게 이야기하기

이 단계에서는 용서를 통한 마음 치유의 마지막으로, 자신의 감정을 솔직히 표현하고 그 상황에서 주로 문제가 되었던 점을 믿을 만한 사람들에게 털어놓는 것입니다. 우리는 종종 일상에서 자기 아픔을 믿을 수 있는 사람들과 함께 이야기하면서 문제해결에 도움

을 받는 경험을 합니다. 이때 감정을 분명하게 말로 표현하는 능력이 필요합니다. 이를 통해 자신의 모습을 살피고 내면에서 지지를 받을 수 있습니다. 감정을 종이 위에 적어두고 나중에 읽어보는 것도 좋은 방법입니다. 그러나 자신에게 상처를 줄 수 있는 사람이나 신뢰를 악용하는 사람에게는 절대로 고통을 이야기하는 것이 도움이 되지 않으므로 조심해야 합니다.

일반적으로 감정을 분명하게 표현하는 말하기의 기술은 감각 정보, 사고, 감정, 행동, 소망 등을 포함하여 명확한 소통을 합니다. 이 방법을 통해 세부 사항을 분석해보면 다음과 같습니다.

감각 정보 : 특정 장소와 시간의 구체적인 예를 제시하면서 자신의 감각을 통해 경험한 상황적인 정보와 타인의 언어 및 비언어적인 행동을 정확하게 파악하여 말합니다.

사고 : 문제에 대하여 자신이 기대하고 믿고 해석한 것을 말하는 영역으로서 이 과정을 통하여 감각 정보가 생략되기도 하고, 보태지기도 하므로 감각 정보와 사고를 구분합니다.

감정 : 외부적인 현실과 내적인 기대 사이의 일치 여부에 따라서 긍정적 혹은 부정적인 감정으로 구분합니다. 감정은 복합적인 경우가 많고 각각의 구체적인 감정은 특별한 사고와 기대감과 관련이 있습니다. 특히 자신의 감정을 받

아들이고 인정할 때 효과적인 대화도 가능해집니다.

소망 : 상대방에게 자신이 바라고 원하는 것을 말하는 영역으로 작거나 큰 것일 수도 있고 단기 혹은 장기적일 수도 있습니다. 사람들은 자신이 바라는 것을 자각하지 못하거나 말하지 못할 때 갇혀 있는 느낌을 받습니다. 소망을 말하는 것은 서로에게 원하는 것을 얻게 해주는 기회를 주고 부부관계를 연결 해주는 힘이 됩니다.

행동 : 행동의 이유와 그 뜻을 신뢰하는 타인에게 알게 해주면 문제해결에 도움이 됩니다.

6

건강한 가족을 위한 심리학

가족의 화합과 행복을 가로막는 심리적인 요소들

일반적으로 상담과 심리치료는 내담자 중심으로 이루어지며, 학교 상담에서는 학생의 심리적 상황이 개선되면 즉각적인 치료 효과를 보일 수 있습니다. 그러나 지금까지의 학교 상담 경험을 보면 약간의 함정과 놓치고 있는 부분이 있다는 것을 알 수 있었습니다. 가장 큰 영향을 끼치는 것은 가족의 심리적인 구조입니다. 학교에서 학생을 위해 효과적인 상담기법을 사용하여 심리적인 깨달음과 변화를 경험하더라도, 가족 환경 속에서 원래의 신념과 역기능적인 행동으로 돌아가는 경우가 많습니다. 따라서 건강한 가족 구조에서 심리적 특징과 방법론을 탐구함으로써 더 효과적인 상담 결과를 이끌어내고자 합니다.

불행한 가정에서 성장한 부모의 영향

일상에서 종종 듣게 되는 말 중에 '자기네 엄마 아빠하던 행동과 똑같네'라는 표현이 있습니다. 또한 자신의 결혼 생활이 어릴 때 목격한 부모의 결혼 생활과 유사한 측면을 반복하고 있다는 느낌을 받은 적도 있을 것입니다. 부부 싸움 중에 '어쩌면 그렇게 당신 엄마를 닮았어'라고 외칠 때도 있습니다. 화를 내고 비꼬는 말투로 꾸짖거나 욕설을 하며 남과 비교하거나 협박하는 행동 등 어릴 때 부모로부터 받은 행동을 그대로 자신의 아이에게 반복한 적도 있을 것입니다. 이러한 경우, 정서적으로 자기를 반성하고 변화하고자 하는 의지가 없다면 부모로부터 물려받은 불행의 연속에서 벗어날 수 없을 것입니다. 부부관계뿐만 아니라 가족관계에서도 자신이 자란 가족의 고통스러운 패턴을 그대로 되풀이하거나 정반대로 치닫게 될 것입니다. 이는 매우 당연한 현상으로, 그러한 부부관계나 가족관계의 패턴이 자기에게 가장 익숙하기 때문입니다.

이러한 패턴이 어떻게 반복되는 것일까요? 그 깊은 이유는 고통스러운 관계를 반복하여 어린 시절에 해결하지 못한 문제를 성인이 되어 다시 한번 해결하려는 무의식적인 욕구가 작용하기 때문입니다. 또한 성인이 되어도 여전히 해결하지 못한 유아적 의존성을 그런 관계를 통해 유지하려는 욕구가 있기 때문입니다. 그래서 사람들은 대부분 발달과 성장을 가로막은 가장 닮은 사람과 결혼하게 되는 것입니다. 그렇게 함으로써 부모와의 관계에서 고통스러웠던 측면들을 다시 한번 직면하게 되는 환경을 조성하게 됩니다. 하지만, 지금은 당신이 어른이라는 사실을 기억해야 합니다. 이제 더 이상 단순히 피해자가 되는 것이 아니라, 어릴 때 부모에게 억눌렸던 자신의 욕구들을 적절하게 충족시킬 수 있는 기회를 갖게 되었습니다. 아이를 자신의 억눌린 욕구를 보상하는 수단으로 사용하는 대신, 아이와의 관계를 건강하게 발전시키고 서로의 욕구와 감정을 존중하며 상호작용할 수 있도록 노력해야 합니다.

두 사람 간의 관계에서 공격적이고 지배적인 성향을 가진 남성과 수동적이며 남의 의견을 따르려고 애쓰는 유순한 여성이 결혼하는 경우를 종종 볼 수 있습니다. 이러한 관계에서 남성은 자신의 아버지처럼 행동하면서 어머니와 유사한 여성을 찾는 것이고, 여성은 어머니처럼 행동하면서 아버지와 유사한 남성을 찾는 것입니다. 이러한 방식으로 문제가 있는 가정에서 자라난 사람들이 또 다른 문제 있는 가족을 형성하게 됩니다. 이러한 부부관계에서 남성은 자신의 아버지의 방어적인 행동을 되풀이하고 있다는 사실을 인식해야 하며, 공격적인 행동에 대해 한 걸음 물러나 스스로에게 질문해야 합니다.

'왜 내가 어릴 때 아버지가 저렇게 나를 대한 방식대로 가족을 대하고 있는 걸까요?'

과거로 돌아가 자신에게서 아버지가 취한 행동, 어머니와 다른 가족에게 행한 행동이 어떤 결과를 가져왔는지 명확히 상상하고 느껴봐야 합니다. 그때 아이로서 느꼈던 공포, 아픔, 수치심, 분노, 무력감을 깊이 경험해봐야 합니다. 자기 자신과 자신의 아이, 그리고 아내도 현재 그와 같은 비참한 감정을 느끼고 있다는 사실을 알아야 합니다. 이러한 경험을 다시 누구에게도 전달하지 않겠다는 다짐을 스스로에게 해야 합니다. 무엇보다도 아버지나 어머니로부터 받지 못한 자기 자신을 사랑하고 배려하는 방법을 몸으로 배우려고 노력해야 합니다. 마찬가지로 아내도 자신이 지금까지 수동적이고 소심하며 방어적인 행동을 체화시켰다는 사실을 인정하고, 내면에서 깨닫는 노력을 해야 합니다.

부모의 정서적 열등감

일상생활에서 자신의 감정이 얼마나 쉽게 상처받는지 관찰하면, 그 사람이 부모로서의 능력과 배우자로서의 자질을 제대로 갖추고 있는지 추측할 수 있습니다.

자신감이 넘치는 부모는 자신의 가치와 능력, 자질을 깊이 이해하는 모습을 보입니다. 그들은 삶을 사랑하며 감정을 솔직하게 표현하고 자기주장을 하는데 주저하지 않습니다. 부부간에 애정이 넘치고 친지, 친구, 동료들과도 강한 유대관계를 형성합니다. 건설적인 비판을 받아들이고 좌절을 극복하며, 실수와 실패를 배울 기회로 삼습니다. 전반적으로 정서적으로 안정되어 부모는 자신이 어떤 면에서 능숙하고 어떤 면에서 부족한지 잘 알고 있습니다. 자신의 장점을 살리면서 약점과 부족함, 자신의 한계를 분명히 인식합니다. 다른 사람을 대할 때도 진실성을 갖추고, 불편한 감정을 감추지 않고 자신을 가장 자연스럽게 표현합니다.

그러나 어느 정도 정서적 부담을 가진 부모는 자신의 능력이나 포용성을 크게 의심하여 다른 사람으로부터 인정받으려고 애쓰는 경향이 있습니다. 자신의 가치를 입증하기 위해 외적인 모습, 행동, 성과에 집착합니다. 이로 인해 불안과 초조함이 항상 따라다닙니다. 다른 사람을 조종하려고 하거나 반대로 상대방의 기호에 따르려고 애씁니다. 실패나 실수를 두려워하여 사람을 대할 때에도 안전한 방식을 고집합니다. 이러한 사람들은 결국 만족스러운 기쁨을 경험하기 어렵게 됩니다.

한편, 말할 수 없는 과거의 상처를 가슴에 품고 살아가는 부모는 대개 무기력함과 자신감의 부족을 깊이 갖고 있습니다. 이들은 자신의 가치와 의미에 대한 불확실함을 느끼며, 과거의 상처가 여전히 그들의 가슴 깊이 응어리져 있을 수 있습니다.
이들은 자기 자신과 타인을 돌보지 않고 내팽개치는 경향이 많아

삶 자체가 즐겁지 않습니다. 자신에 대해 지나치게 비관적이면서도 남의 비난은 용납할 수 없으며, 민감하게 반응합니다. 동시에 매우 공격적이지만 수동적인 모습도 보입니다. 친밀한 관계를 형성할 때에도 지나치게 집착하거나 경멸하는 태도를 보여 다른 사람과 가까워지기 어려워합니다. 어려운 상황에는 위협을 느끼며, 내면의 지속적인 혼란에 고통을 겪습니다. 이들은 무의식적으로 더 심한 상처를 받거나 거절을 자초하게 되는 경향이 있습니다. 시간이 지나면서 이러한 경향은 더 심화됩니다.

자신을 바라보는 감정은 어린 시절의 경험 때문에 결정되지만, 성인으로서 과거의 고통을 치유하고 자신만의 독특한 가치를 실현하는 책임이 있다는 사실을 알아야 합니다. 따라서 지속적으로 심리적인 훈련을 통해 새로운 가족을 창조하고 경험하며 과거의 고통을 치유해 나가는 노력이 필요합니다.

불행한 부부관계

문제가 있는 부부는 자신과 다른 것을 용납하지 못합니다. 상대방을 자신을 위협하는 요인으로 여기고 자신의 의지대로 바꾸려고 싸웁니다. 공격적인 쪽은 자신의 욕구, 성취, 의견이 더 중요하다고 주장하며, 상대방의 의견을 무시하고 묵살합니다. 수동적인 쪽은 그러한 공세에 자신의 개성과 주체성을 희생하고 굴복하며 자기를 방어합니다. 이러한 가정에서는 부모 어느 쪽도 아이에게 모범이 될 수 없습니다. 사랑받을 만한 존재로서의 자신을 의심하는 사람들이 의외로 많습니다. 안타까운 사실은 의심의 정도가 비슷한 사람들끼리 결혼하여 문제를 야기한다는 점입니다. 또한 정서적 부담도 비슷한 사람들끼리 결혼하게 됩니다. 자아가 안정된 사람들은 안정된 사람과, 불안한 사람은 불안한 사람과 결혼하는 경향이 있습니다. 실제로 문제 있는 부부에서는 다음과 같은 행동이 자주 나타납니다.

집착과 소유욕 / 상대방을 제압하려는 시도 / 공격적인 행동과 수동적인 행동 / 상대방의 비난에 대한 과민반응 / 상대방에 대한 지나친 간섭 / 상대방의 의도를 자꾸 확인하려는 행동

질투 / 한바탕 울부짖고 소란을 피우는 행동 / 술이나 약물에 의존하는 경향 / 사람들과 어울리는 일을 꺼리는 태도 / 수줍어하고 뾰루퉁한 행동 / 신경질을 부리는 경향 / 상대방을 이기려고 하는 태도 / 상대방을 경멸하는 태도 / 폭력적인 행동과 상대방을 지속적으로 비난하는 경향 / 자살 협박 / 자살 시도 / 정서적이고 신체적으로 의기소침함 / 몇 주 또는 몇 달 동안 말을 전혀 하지 않음 / 잦은 감정 폭발

부부간의 갈등이 항상 가족의 문제로 이어지는 것은 아니지만, 이상적인 가족은 부부가 함께 문제를 해결하면서도 서로의 주체성

을 유지하고 깊이 사랑하는 관계를 형성합니다. 일반적으로 행복학 학자들은 행복한 가족과 부부가 되기를 원한다면, 부부 사이에서 발생하는 모든 문제에 대해 회피하지 않고 직면하며 직접 해결하려는 마음가짐이 매우 중요하다고 얘기합니다. 이를 위해 상담 전문가의 도움과 개입이 필요합니다.

사회적 · 물질적으로 불리한 환경

가난, 실업 상태, 그리고 좁은 주거 공간과 같은 사회적 · 경제적 문제들은 가족의 화합과 평화에 영향을 미치는 요인입니다. 연구에 따르면 문제가 있는 가족들은 가난, 실업, 파산, 열악한 주거 환경과 같은 어려움에 더 많이 처해 있다고 합니다. 그러나 건강하고 사랑에 기반하는 관계의 가족은 실업이나 가난과 같은 어려움에도 가족의 조화를 해치지 않습니다. 안정적인 가족은 서로에 대한 이해와 지지를 바탕으로 단결하여 '하나를 위한 모두, 모두를 위한 하나'의 정신을 갖고 어려운 시기를 극복합니다. 한 사람이라도 정서적인 안정에 위협을 받으면 가족 전체의 행복이 위태롭게 되는데, 이는 물질적인 가난도 재미있고 상냥하며 배려심 있는 가정환경 조성에 큰 걸림돌이 됩니다.

건강한 가족을 위해 부모가 실천해야 할 심리적인 활동들

건강하고 안정적인 가족 문화를 형성하기 위해서는 가족의 심리적 안정과 화합을 저해하는 장애물을 제거해야 합니다. 부모들은 다음의 사항들을 노력하여 건강한 모습을 유지해야 합니다. 다음의 조건들은 이를 위해 필수적인 요소로 간주됩니다.

자신의 가족과 완전히 분리하기

가족의 기능은 각 구성원들이 정서적으로 독립되고 자립적으로 살아갈 수 있도록 도움을 주는 것입니다. 결혼 후에도 여전히 부모에게 의존하거나 타인의 시선에 영향을 받는다면 형성된 가족은 외부 간섭에 쉽게 영향을 받습니다. 자신이 나고 자란 가족과의 정서적인 분리를 이루지 못하는 사람들은 여전히 유아적이고 의존적인 태도를 보입니다. 이는 배우자와 아이들과의 관계에도 부정적인 영향을 미칠 수 있습니다.

자아에 대한 긍정적인 인식하기

자신에 대한 자신감이 있는 부모는 안정된 가족을 형성할 수 있을 뿐만 아니라 이를 아이들에게도 전달합니다. 그러나 자기 자신을 충분히 이해하는 사람은 드물기에 자신을 받아들이고 이해하기 위한 노력이 필요합니다. 부모가 자신을 긍정하고 자신에 대한 긍정적인 감정을 갖는다면 가족의 행복을 보장할 수 있습니다. 가족이 자신의 존재와 가치를 인정해주리라는 희망만 있는 것은 부정적인 자아에 휩싸인 부모들의 자기변명에 불과합니다. 다른 사람들이 사랑을 주더라도 자신에 대한 증오와 거부감이 있다면 그 사랑을 받아들일 수 없습니다. 자신의 가치를 제대로 이해하기 위해서는 부모가 먼저 자신을 사랑해야 합니다. 가족 구성원의 건강함은 가족의 정신건강 회복에 도움이 되고 상담의 효과성도 증가시킵니다.

7

지금 여기에 머무르기

일반적으로 심리장애 혹은 정신장애를 분류할 때는 신경증과 정신증을 구분하지 않습니다. 그러나 심리치료 현장에서는 원인과 치료 상담 계획을 세밀하게 수립하기 위해 신경증과 정신증을 구분하여 진행하는 것이 효율적입니다. 따라서 신경증과 정신증의 특징과 치료적 측면을 검토해보겠습니다.

신경증은 우리 마음속의 정서적인 불균형으로 인해 자기 생각과 사고의 틀이 과거에 집착하고 현재를 혼란스럽게 느끼는 심리 현상을 말합니다. 이는 내적인 상태에서 스스로 발생하는 심리적 상태로 외부 요인의 영향을 받지 않습니다.

반면, 정신증은 외부적인 요인으로 발생하는 심리적 또는 정신적 장애를 의미합니다. 정신증은 외부의 충격적인 사건이나 강력한 트라우마, 감정의 소용돌이와 같이 감당할 수 없는 상황이 우리의 몸과 마음을 엄습했을 때 나타납니다.

요약하면, 신경증은 내적 상태에서 발생하는 심리적인 문제로 정서적 불균형과 과거 집착을 포함하고, 정신증은 외부 요인에 의해 발생하는 심리적 또는 정신적 장애입니다. 상담치료에서는 이러한 특징들을 고려하여 치료 계획을 수립하고 실천하는 것이 중요합니다.

신경증의 이상심리적 특징

신경증의 특징은 다양한 상태가 함께하고 있다는 점입니다. 주로 마음 상태가 자기 의지로 통제되지 못하고 과거의 생각에 사로잡혀 현재를 제대로 느끼지 못하여 혼란스럽게 생각하며, 불안정하고 부자연스럽게 행동하는 증상이 나타납니다. 이로 인해 부정적인 사고방식과 내면을 가지고, 때로는 미래에 대해 강한 부정적 신념을 가지기도 합니다. 부가적으로 신경증이 있는 개인은 과도한 수치심을 느끼며, 상황에 맞지 않게 수줍어하거나 과도하게 행동하는 무례함도 보일 수 있어서 타인에게 불편한 느낌을 줄 수 있습니다.

이러한 심리적 현상들은 자신의 심리적 욕구가 충분히 해결되지 못하고 미해결 상태로 남아있는 상황을 의미하기도 합니다. 또한 신경증이 있는 개인은 모든 문제를 스스로 해결하지 못하고 주변에서 도움을 받아야 한다고 느끼거나 기대할 수도 있습니다. 이는 의존적인 욕구의 발현으로 이어질 수 있습니다.

따라서 신경증 환자는 때로는 과도한 우월감을 가지며, 자신의 존재 가치를 사회적 위치와 동등하게 생각하다가 갑작스럽게 자신의 사회적 위치가 흔들리면 자신의 존재 위기를 느낍니다. 또한 가족이나 애인에 대한 헌신과 봉사 욕구를 느끼며, 이러한 대상이 상실되면 심리적 위기에 빠지는 현상도 나타날 수 있습니다. 이로써 우리가 일반적으로 언급하는 실존적 위기의 심리 상태를 경험합니다.

신경증 치료의 원리

신경증의 치료에는 몇 가지 기본적인 방법과 원리가 있습니다. 중요한 것은 내담자의 현실적인 목표나 실존적인 욕구를 변경하도록 치료 방향을 정하는 것입니다. 신경증이 있는 내담자들은 자신이 해결할 수 없는 삶의 목표를 설정하고, 상담자나 중요한 다른 사람들에게 의존하는 경향이 강합니다. 이에 따라, 치료에서 가장 중요한 것은 내담자가 스스로 달성할 수 있는 목표를 설정할 수 있도록 돕고, 지지하는 것입니다.

일반적으로 신경증이 있는 내담자들은 자신의 능력과 자원, 환경을 활용하여 자기 자신을 돌보지 못하는 공통점이 있습니다. 상담을 받기 전까지 자신의 문제를 처리하려고 노력하고 발버둥 치다가 실패하더라도, 거의 좌절한 상태로 상담자나 치료자에게 찾아오곤 합니다. 신경증이 있는 내담자는 초보 상담자에게는 까다로운 존재이기도 합니다. 그 이유는 신경증이 있는 사람들이 주로 환경을 조종하고 적대적으로 판단하는 경향이 있기 때문입니다. 때로는 상담자를 조종하려는 시도를 보이기도 하며, 상담 과정에서 수치심이나 수줍음을 보이다가 갑자기 허영심으로 우쭐대기도 하여 상담자를 혼란시키거나 상처를 입힐 때도 있습니다. 이러한 특성으로 인해 신경증이 있는 내담자는 치료 과정에서 어려움을 겪을 수 있으며, 상담자도 효과에 대한 의문이나 비관적인 견해를 가질 수 있습니다.

신경증이 있는 내담자들은 종종 자신의 심리적 문제를 직면하지 않고 회피하기 위해 질문을 통해 상담자를 혼란에 빠뜨리는 경향이 있습니다. 이러한 상황에서 신경증 상담과 심리치료의 가장 중요한 원리는 자기 자신을 존중하지 못하면 외부의 칭찬이나 다른 사람들의 존중에만 의존하여 악순환이 계속되는 것을 내담자가 깨닫게 하는 것입니다.

상담의 방향은 내담자가 자기 자신을 존중하고 스스로를 소중히 여기며, 외부의 칭찬이나 인정에만 의존하지 않아야 함을 이해하게 하는 것이 목표입니다. 이를 통해 내담자는 자기 자신을 중심으로 삶을 살아가는 방식을 배우고 발전시킬 수 있습니다.

또한 상담자는 내담자의 질문과 혼란을 다룰 때도 꾸준한 지지와 이해를 제공하면서 내담자의 심리적인 산책을 안내하는 역할을 합니다. 내담자가 자신의 진정한 미해결 문제를 직면하고 이를 해결하기 위한 자기 내적 자원을 발견하고 활용할 수 있도록 도움을 주어야 합니다. 이러한 접근 방식을 통해 내담자의 존중과 자아 강화를 지원하며, 외부 의존에 기반한 악순환을 깨고 심리적인 성장과 변화를 이끌어낼 수 있습니다.

자기 자신과 환경과 조화하려는 노력

신경증이 있는 환자들은 주로 자신의 문제의 원인을 자기 자신에게서만 찾으려는 경향이 있습니다. 이는 정신분석학적 관점과 관련이 있습니다. 정신분석학적 방법은 과거의 경험을 회상하고 그 사건에 대한 해석을 통해 내면의 조화와 균형을 찾으려는 접근법입니다. 이를 통해 강력한 통찰과 마음의 고통을 해결할 수 있습니다. 따라서 정신치료에서 정신분석학은 많이 사용되고 있습니다.

그러나 최근에는 신경증 환자의 심리적인 불균형과 존재의 문제를 해결하기 위해 정신분석적 치료와 함께 개인과 집단 간의 조화를 중요시하는 게슈탈트 심리치료 기법을 통합적이고, 효과적으로 사용합니다. 신경증 내담자는 자신과 환경 사이의 조화를 이루지 못하고 자신의 욕구를 집단 내에서 표현하지 못하여 심리적인 불균형을 경험합니다. 이러한 상황이 지속되면 내담자는 적대적인 환경이 자신의 욕구를 침해한다는 부정적인 신념을 갖습니다.

그래서 신경증 치료의 핵심은 내담자가 현재 자신의 내면에서 무슨 일이 일어나고, 어떤 감정을 느끼는지를 알아차리는 것입니다. 이를 통해 상담과 치료의 방향은 내담자가 스스로 고백하고 독백할 수 있도록 도와줍니다. 예를 들어, 내담자가 자신을 가로막고 있는 것이 무엇인지, 어떻게 자신을 막고 있는지, 무엇으로부터 자신을 보호하려고 하는지에 대한 질문에 답할 수 있도록 도와주어야 합니다. 내담자가 자기 자신과의 대화를 통해 내면의 어려움을 이해하고 개선해 나갈 수 있도록 지원하는 것이 중요합니다.

'지금 · 여기'의 현재 알아차리기

통합적인 심리치료, 특히 NLP 심리치료에서는 과거의 정신분석 치료와 게슈탈트 상담기법 등을 다양하게 활용하고 있으며, 인지치료와 게슈탈트 상담기법을 주로 신경증 심리치료에 활용합니다. 과거의 심리치료 동향을 보면 내담자를 이전에 문제가 있는 사람으로 판단하고, 과거의 문제해결에 집중하는 경향이 있었습니다. 그러나 현실적으로는 내담자가 현재의 문제로 인해 심리적 고통을 많이 겪고 있습니다.

따라서 통합적인 관점에서는 과거의 문제에만 치중하기보다는 과거의 문제 분석을 바탕으로 현재 진행되는 문제를 해결하기 위한 방법적 탐구가 더 중요하다고 판단합니다. 지금·여기의 문제를 해결해야 미래에 발생할 수 있는 문제를 예방할 수 있다는 의미입니다. 상담과 치료 과정에서는 내담자의 내면의 힘을 도출하여 현재와 미래에 발생할 수 있는 문제를 해결해 주어야 합니다. 일반적으로 내담자 과거의 미해결 문제는 현재의 현실 문제해결에 어려움을 초래하며, 일상생활에서 예민하고 신경질적인 심리적 반응이나 공상 등의 현상으로 내면에 떠오르며, 내담자를 심리적 고통에 빠뜨릴 수 있습니다. 이로 인해 신경증이 있는 내담자는 현재의 삶을 살아가기 어려워합니다.

지금·여기의 기법은 상담과 치료에서 사용되는 방법으로, 상담자가 내담자에게 현재 자신이 무엇을 하고 있는지 깨달아 알게 하는 것입니다. 내담자는 지금·여기에서 자신의 상처와 문제를 재경험하고 미해결 과제를 완성하는 과정을 통해 과거는 과거일 뿐이라는 것을 깨닫게 합니다. 우리는 과거의 문제가 현재의 문제로 나타나고 내면에 존재하므로 심리적 고통을 받습니다.

상담자는 내담자에게 자신을 억압하는 생각뿐만 아니라 몸짓, 호흡, 정서, 목소리, 표정 등을 알아차리도록 질문을 해야 합니다. 이를 통해 내담자는 자신을 더 잘 알아가는 경험을 합니다. 통합적인 심리치료의 방향은 좌뇌의 생각뿐만 아니라 우뇌의 오감을 통한 경험을 매우 중요시합니다. 우뇌의 경험은 우리의 무의식에 저장된 살아있는 정보이며, 동시에 생각을 뛰어넘어 행동의 변화를 가져올 수 있는 도구입니다. 상담자는 내담자에게 지금·여기의 상담기법을 활용해 내담자를 이끌어가야 합니다.

내담자에게 말로 표현하지 말고 마음속으로 '지금 나는 …을 알아차린다'라는 구절을 말하도록 이끌어 줍니다. 이를 통해 내담자는 자기 자신이 현재에 머무르며, 현재를 떠나서는 어떠한 경험도 할 수 없다는 것을 깨닫게 합니다. 이를 통해 내담자는 다양성을 지닌 현재의 변화를 경험하며, 과거에 머무르는 습관에서 벗어날 수 있습니다. 동시에 과거와 현재가 조화롭게 균형을 이룰 수 있도록 도와줌으로써 고통스러웠던 과거와 현재를 조화롭게 조정할 수 있습니다.

지금·여기에 존재함을 깨달으면 내 자아의 잠재력과 현재의 능력, 감각과 행동, 정서와 이성의 기능을 알게 됩니다. 알아차림의 경험은 내담자의 현재 자원을 분명하게 보여주고, 이는 행동으로 발전하게 합니다. 이러한 행동과의 연결은 예전부터 변화하기 어려웠던 습관을 새로운 행동으로 변화시켜 치료의 효과를 높일 수 있습니다.

신경증 증상을 완화하고 변화하는 방법

신경증이 있는 내담자들의 일반적인 특징은 현재를 실제적으로 체험하며 살아가는 것이 어려워서 지금·여기라는 치료기법과 행동을 받아들이고 실천하는데 어려움을 겪는다는 것입니다. 과거는 과거일 뿐이라고 이야기하면서도 실제로는 현재의 자아 경험에 집중하는 것이 매우 어려울 수 있습니다. 과거의 미해결 과제가 생각이나 신체감각이 끼어들면 집중을 방해하는 요소로 작용합니다.

그럼에도 불구하고, 상담자는 내담자를 현재의 자아에 집중하도록 이끌어야 합니다. 이는 마음과 몸에서 에너지를 집중하는 방법을 익혀, 현재를 충분히 경험하며 새로운 행동으로 변화할 수 있도록 합니다. 내담자가 순간순간 자신의 진정한 욕구를 경험한다면 '나는 이것이 필요합니다'라는 고백이 나올 수 있고, 그 순간 변화의 감각을 느낄 수 있습니다. 최종적으로 내담자가 자신의 신경증 증상에 집중하면 신경증에 대해 인식하고, 무엇을 어떻게 경험하는지를 실제로 알게 됩니다. 또한 자신의 감정과 행동이 다른 사건과 어떻게 연결되는지도 인식합니다. 실제의 상담 심리치료 현장에서 지금·여기의 알아차림 기법 중 매우 효과적인 질문이 있습니다.

질문은 '지금 나는 무엇을 알아차리고 있나요?'라는 구절을 세분화하고 실천하기 쉬운 형태의 질문으로 다시 구성하는 것입니다. 예를 들어, '당신은 지금 무엇을 하고 있나요?' '당신은 지금 무엇을 느끼고 있습니까?' '당신은 무엇을 원하나요?'와 같은 질문입니다. 또한 부정적인 상황을 발견하고 치료하기 위해 '당신은 지금 무엇을 피하고 있습니까?' '당신은 지금 이 상황에서 무엇을 기대하고 있습니까?'와 같은 질문을 사용합니다. 이러한 질문 형태는 치료의 효과를 높이는 데 도움이 됩니다. 이러한 질문을 반복하고 숙달하여 시행함으로써 내담자는 진정한 현재를 경험하고 행복하며 능력 있고 자신감 있는 삶을 설계하는 내면의 힘을 길러갈 수 있게 됩니다.

8
중독에 관한 심리학적 탐구

정신문화와 정신적 활동에 대한 관심이 증가하고, 왜곡된 정신장애에 대한 관심도 커지는 현상은 현대사회에서 자연스럽게 발생하는 사회적 현상으로 볼 수 있습니다. 동시에 이에 대응하는 개념으로 행복에 대한 관심도 함께 증가하며, 우리 삶의 건강과 행복을 저해하는 요인들에 대한 관심과 연구도 계속해서 진행되고 있다는 것은 매우 긍정적인 현상입니다.

그러나 최근 우리나라에서 가장 심각한 정신건강 문제로 자주 언급되는 것은 '중독'입니다. 과거에는 중독이라는 용어가 주로 알코올, 니코틴, 마약과 같은 물질 중독에만 사용되었지만, 사회의 복잡

성과 다양성으로 인해 이전에 예측하기 어려웠던 다양한 중독 현상들이 나타나고 있습니다. 예를 들어, 골프 중독, 음식 중독, 일중독, 낚시 중독, 운동 중독 등 다양한 현상에서 중독 증상이 나타나고 있습니다. 이에 따라 정신의학이나 상담, 심리치료 분야에서도 중독 현상에 대한 관심이 높아지고 있습니다. 중독에 대한 정의와 범위가 확장되어 중독에 포함되지 않았던 현상들이 중독으로 분류되고 있습니다.

특히 최근에는 성 중독이라는 개념이 등장하여 성에 대한 과도한 집착을 중독의 일종으로 포함시키는 경우도 있습니다. 이러한 관점에서 최근의 중독에 대한 학문적 연구 방향은 중립적인 입장에서 중독 문제를 접근하여 효율적인 회복과 상담적인 치유 방법을 연구하는 단계로 진행되고 있습니다. 이러한 연구는 중독 문제에 대한 이해를 높이고, 효과적인 치료와 지원 방법을 개발하는 데 도움이 됩니다.

특히 최근에는 우리의 삶과 행복과 관련하여 매우 우려되는 문제로 '일중독'이 많이 언급되고 있습니다. 중독의 심리적, 정서적 특징과 예후, 그리고 치유 대책에 대해 알아보겠습니다.

중독의 심리적 특성

중독이라는 단어는 영어로 'addiction'입니다. 로마시대 법정에 'addict'는 구속되어 감금된 노예나 주인에게 넘겨진 사람을 의미했습니다. 그 의미를 깊이 있게 살펴본다면 중독이라는 단어의 핵심은 어떤 행위에 대하여 주체적이지 못하고 끌려 다니는 노예화라고 해석할 수 있습니다. 이런 관점에서 일중독은 일에 대하여 주체적이지 못하고 일에 끌려 다니는 상태라고 할 수 있습니다.

일에 대한 스스로의 통제능력이 상실되고 객체가 되어서 정신적으로 건강하지 못한 상황이 발생하는 것이라고 할 수 있습니다. 제럴드 메이는 과도한 집착을 중독으로 인정하면서 이러한 집착이 중독으로 이어지는 과정을 '중독은 욕구에 집착하며 욕구의 에너지를 특정한 행위나 사물 혹은 사람들에게 속박시켜 노예로 만든다. 그리하여 이 집착의 대상들은 우리 마음을 빼앗고 강박관념이 삶을 지배하게 된다'라고 했습니다.

중독의 문제는 대체로 욕구와 집착의 측면에서 인간의 감정에 접근할 수 있지만, 모든 욕구를 중독으로 분류할 수는 없습니다. 중독이라는 용어는 '과도한 욕구'에 대한 자기 통제의 부재를 의미합니다. 중독에 대해 아치볼트 하트는 '중독은 욕구에 집착하며 욕구의 에너지를 특정한 행위, 사물, 혹은 사람들에게 속박시켜 노예로 만든다. 이 집착의 대상은 우리 마음을 지배하고 강박관념을 형성하게 된다'라고 설명했습니다.

따라서 우리가 보통 말하는 단순한 욕구는 단순히 무언가를 원하고 갈망하는 상태입니다. 그러나 중독은 그 희망이나 갈망을 충족시키기 위한 행위에 대해 더 이상 스스로를 통제할 수 없는 무능력한 상태를 의미합니다. 중독은 욕구가 강화되어 몸과 마음이 그 욕망에 의존하는 상태입니다. 결론적으로, 자기 통제가 가능한 욕구나 갈망은 중독이 아닙니다.

중독에 이르는 세 단계

첫 번째 단계는 자기 내적 변화입니다. 이 단계에서는 중독을 합리화하는 심리적인 경험을 합니다.

두 번째 단계는 생활 방식의 변화입니다. 이 단계에서는 중독을 충족시키기 위해 생활 방식이 변화합니다. 결과적으로 주변 사람들에게 중독자의 모습이 드러나게 됩니다. 이는 욕구에 과도하게 집착하는 모습을 보입니다.

세 번째 단계는 중독에 집중하기 위한 습관적인 행동을 제외하고는 아무것도 할 수 없는 통제 불능의 상태입니다. 다시 말해, 욕구에 완전히 집착하여 그것이 없으면 완전히 무기력하게 느끼며, 우울감이나 조울증과 같은 증상이 나타나기도 합니다. 중독은 집착과 금단 현상, 그리고 자기 통제력의 상실과 같은 요소로 구성되어 있습니다.

중독의 심리적 정서적 특징

중독의 근본적인 원인을 이해한다면 치료에 도움을 주고 회복 속도를 향상시킬 수 있습니다. 따라서 개인이 중독에 빠지는 심리적인 특징을 조사하는 것은 매우 중요합니다. 정서적인 왜곡은 성장 과정에서 주로 시작합니다. 특히 성격적인 문제로 대인기피증 등 중독의 원인은 다양하며, 가장 두드러진 정서적인 문제는 다음과 같습니다.

첫째, 일반적인 중독자들의 정서적인 병리 현상은 '병리나 부인'으로 시작합니다. 이 결과, 직장 생활에서 스트레스를 피하려고 경계심 없이 술, 마약, 도박과 같은 행위를 시작합니다. 이는 직장 동료들과 인간관계를 유지하고 스트레스를 해소하는 방법으로 생각하며 별다른 문제가 없다고 여깁니다. 그러나 이러한 행위가 계속되면서 스스로 잘못된 길을 걷고 있다는 것을 깨닫게 됩니다. 이때 자신이 중독자가 될 수 있다는 두려움이 생기지만, 동시에 중독을 부정합니다. 그래서 이러한 행위들을 중독과는 아무 상관이 없는 단순한 취미나 스트레스 해소 수단으로 여기며, 자신의 중독 진입 단계를 부정합니다.

둘째, 중독에 대한 정서적 특징은 중독 행위가 심화될수록 중독을 합리화하려는 경향이 있다는 점입니다. 중독을 중단하기 위한 다양한 시도를 하고, 이러한 노력들이 실패할 때 중독에서 벗어나는 것이 불가능하다고 생각하고 자신과 타협하게 됩니다.

셋째, 중독에 따른 정서적 특징은 심리적인 은폐성입니다. 특히 알코올 중독과 관련이 많으며, 알코올 중독자는 술을 숨기거나 타인에게 들키지 않기 위해 다양한 방법을 사용하여 술을 마시는 행위를 지속합니다. 이 과정에서 가정이나 주변 중독자에 대한 동조가 이뤄지고, 가족들은 중독자를 금지하기 어렵다는 사실을 인식한 후 가족과 중독자 사이에 동조와 의존 관계가 형성됩니다.

넷째, 중독자의 자기 소외 현상이 발생합니다. 이것은 중독의 마지막 단계로, 자기 패배와 자기 소외의 감정을 갖는 것입니다. 이로 인해 공허함과 불안감이 나타나며, 이는 삶을 피하려는 극도의 회피, 사람을 피하는 태도, 책임감의 결여로 이어져 본인과 가정에 심각한 불행을 초래합니다.

9

나도 일중독일까?

일중독이란 일반적으로 이해할 때는 하루종일 일하기 위해 힘쓰는 행동이나 활동에 집착하여 일상생활과 사회적 관계나 인간관계가 많이 불편하고 침해되는 현상을 말하는 것으로 개념정리를 할 수 있습니다. 이미 알려진 일중독에는 여러 형태가 있는데, 주로 인터넷이나 게임, 일 또는 일을 위한 공부, 운동, 쇼핑, 청소 등의 활동에 집중하는 경우입니다. 이러한 활동들에 대한 집착은 날이 갈수록 심해지며 다른 사회활동이나 취미, 인간관계와 사회적 관계 등에 소홀함을 보이게 됩니다.

일중독은 다른 중독과 마찬가지로 심리적으로 강한 의존성을 발생시킬 수 있습니다. 이러한 상황에서 우리뇌는 신경전달물질은 도파민을 증가시켜 일중독 행동에 대한 욕구를 강화시킬 수 있습니다. 또한 스트레스 관리나 감정조절, 쾌감을 얻기 위한 도피 등의 이유로 일중독이 발생할 수 있습니다.

일중독은 자신들에게 여러 가지 부정적인 영향을 초래할 수 있습니다. 신체적인 영향으로는 수면부족, 영양실조, 운동부족 등의 문제가 발생되며, 정신적으로는 우울증과 사회불안증, 자존감 저하 등에서 심각한 문제가 발생할 수 있습니다.

일중독을 극복하기 위해서는 자기통제 능력을 강화하고 일과 여가시간을 분리하는 등의 균형있는 생활을 유지하는 것이 매우 중요합니다. 요즘 사회에서 회자되는 '워라벨'의 개념이 강조되는 것은 일중독을 극복하는 바람직한 활동의 모습이라고 할 수 있습니다.

일중독의 심리 상태

첫째, 일중독자들은 처음에는 자신이 일중독에 빠졌다는 사실을 인정하지 않습니다. 그들은 현실을 부인합니다. 자신은 가족의 행복을 위해 다른 사람들보다 더 많은 일을 하고 있다고 변명하며, 가족을 원망하기까지 합니다. 이러한 상황을 바라볼 때, 중독치료의 첫 번째 단계는 자기가 중독자임을 인정하는 순간부터 시작됨을 알 수 있습니다.

둘째, 일중독자들은 자기 과신에 빠져 있습니다. 그들은 주변 환경을 언제든지 통제할 수 있고, 자신이 원하는 모든 것을 할 수 있다는 확신을 가지고 있습니다. 그러나 사실은 일중독자들은 자신을 객관적으로 평가할 수 있는 능력이 현저히 저하되어 있습니다. 표면적으로는 자신의 능력을 벗어나는 일에 과도한 자신감과 과신을 가지며 몰입하지만, 이는 과신에 불과하며 자신의 욕망을 실현하는 경우는 드물다는 것입니다. 일중독자들은 더 많은 시간을 일에 투자하여 목표를 달성하려고 하지만, 이는 지나치게 목표 설정과 과도한 근로 시간을 유발하는 악순환을 반복합니다.

셋째, 정신병리학적으로 일중독자들은 피해의식이나 피해망상증을 가지며, 자신의 잘못을 다른 사람에게 돌리는 책임 전가가 있습니다. 일중독자들은 직장에서 주변의 평가에 지나치게 예민하게 반응하며, 자신의 목표를 달성하지 못했을 때는 다른 사람에게 그 책임을 전가하는 상황이 발생합니다.

넷째, 일중독자들은 심층 심리적으로 이기적인 자기중심주의에 사로잡혀 있습니다. 자신의 태도와 행동을 항상 정당하다고 여기며, 다른 사람들이 자신의 방식에 순종하기를 원합니다. 또한 자신이 개입하지 않으면 제대로 이루어지지 않을 것 같은 강박적인 사고에 사로잡혀 있을 수 있습니다.

다섯째, 일중독자들은 완벽주의를 추구하는 경향이 있습니다. 자신의 업무에 대해 지나치게 완벽한 결과를 요구합니다. 이로 인해 다른 사람들이 접근하기 어렵고, 자신의 완벽주의를 타인에게도 요구하므로 주변 사람들이 고통을 겪을 수 있습니다.

일중독자의 원인

미국의 심리학자 웨인 오츠에 의하면, 일중독은 일하고자 하는 강박증으로 설명되며, 강박감과 조급증이 일중독의 심리적 요소가 중요한 역할을 한다고 합니다. 일중독자들은 일을 하지 않으면 조급증을 느끼며 심리적인 불안감을 경험한다고 지적합니다.

강박적 심리 상태는 일정한 목표에 대한 집착하는 특징이 있으며, 이에 대한 결과로 자신을 평가합니다. 좋은 결과를 얻기 위해 직장 내 규칙을 위반하는 등 과도한 집착을 보일 수 있습니다. 이러한 심리적인 현상은 종종 자신에 대한 정서적인 억압으로 이어집니다. 지나치게 집착함으로써 다른 일에 대한 여유가 없어지며, 심한 경우 일을 하면서 감정의 폭발을 자주 보이는 정서적 억압 상태에 빠질 수도 있습니다.

강박적 심리 상태는 때로는 일과 현실에서 도피하거나 자아를 인정받는 수단으로 사용될 수도 있습니다. 현실에서의 불만족을 피하려고 과도하게 일에 몰두하는 욕구가 있다고도 이야기합니다. 일중독자들은 여러 가지 일을 동시에 추구하면서도 다른 사람들의 도움을 거절하고 자신이 처리함으로써 주변 사람들로부터 인정받으려는 욕구가 강하게 작용합니다. 일중독자들은 경쟁심이 강하거나 자존감을 증진시키려는 욕구가 높을 수 있으며, 이러한 심리적인 요인들이 복합적으로 일중독을 유발하는 원인이라고 설명합니다.

일중독 치유하기

일중독을 치유하기 위한 몇 가지 단계가 있습니다. 우선 자신의 상태에 관심을 기울이는 것으로 시작해서 치유를 통해 건설적인 관점과 신념을 가지는 것입니다. 각 단계별로 자세히 나누면 다음과 같습니다.

① 관심 기울이기

상담자는 중독 당사자의 개인적인 정보와 중독 상태에 대해 상세한 정보를 수집하는 것이 중요합니다. 중독자들은 자신의 상태를 인정하지 않고 합리화하는 경향이 강하기 때문에, 상담자는 신뢰관계를 통해 내담자에게 중독에 대한 전문적인 자료를 제공하고 이해시키는 작업을 진행해야 합니다. 내담자가 중독 상태를 이해하고 자신이 중독자임을 시인하는 변화를 경험함으로써 행동 변화를 이끌어낼 수 있습니다. 상담자는 내담자에게 깊은 신뢰를 주는 것이 상담과정에서 매우 중요합니다.

② 깊이 경청하기

상담자는 내담자의 언어적 표현뿐만 아니라 비언어적 표현에도 주의를 기울여 깊이 경청해야 합니다. 내담자의 옷차림, 언어습관, 몸짓, 음색, 태도 등을 주의깊게 관찰하면서 내담자의 심리 상태를 파악해야 합니다.

③ 내담자의 말에 반응하고 질문하기

상담자는 내담자에게 질문을 하고 내담자의 말에 반응합니다. 적절한 질문을 통해 내담자의 심리 상태를 정확히 파악할 수 있도록 노력해야 합니다. 또한 내담자가 수치심이나 주저로 인해 속마음을 털어놓기 어려울 때는 용기를 가질 수 있도록 질문하거나 분위기를 바꾸는 노력이 필요합니다.

④ 중독을 질병으로 인식하는 인식 변화를 도와주기

중독자가 중독 상태를 인정하고 상담을 통해 이를 시인하는 단계에 도달하면, 상담자는 중독의 심각성을 인식시켜야 합니다. 중독이 단순한 집착이나 과도한 행동이 아닌 질병의 일종임을 내담자에게 알리는 것이 중요합니다. 이러한 인식 변화를 통해 중독자는 중독에 대한 치유에 더 적극적으로 참여할 수 있습니다. 상담자는 중독자의 잘못된 생각을 바로잡아주는 역할을 수행합니다. 중독자들은 자신의 행동에 대해 일반 상식과 다른 망상적인 생각에 사로잡힐 수 있으므로 이를 바로 잡아줘야 합니다.

⑤ 치유의 중간 단계

이 단계는 중독 단계와 초기 회복 단계 사이의 중간기로서 중독자의 정체성에 의미 있는 변화를 가져오는 단계를 말합니다. 이 단계에서 중독자는 치유 과정에 진입하며 중독 치유에 대한 희망을 품게 됩니다. 중독자는 스스로 중독을 치유할 수 있다는 긍정적인 사고를 갖게 됩니다.

⑥ 중독자의 자아상에 대한 긍정적인 인식의 전환

중독자의 자아정체성 혼란을 극복하고 건강한 자아를 회복하여 중독에서 벗어나기 위해서는 자아상에 대한 인식의 전환이 매우 중요합니다. 이는 중독자가 세상을 보는 자신만의 신념과 관점을 변화시키는 작업을 의미합니다.

이러한 치유 방법에는 인지치료와 NLP(신경 언어학 프로그래밍) 심리치료 등 다양한 기법이 포함될 수 있습니다. 관조 기법을 통해 자신을 멀리서 바라보고, 직접 상황에 참여하여 재체험을 통해 인식의 전환을 이끌어내는 개입 기법도 유용합니다.

이러한 치유 방법은 중독자가 자신의 삶을 바라보는 방향을 변경함으로써 중독에 대한 새로운 건설적인 신념과 관점을 형성하게 됩니다. 상담자는 중독자의 과거에 스며있는 아름다운 모습들을 발견하고 평가하도록 도와야 합니다.

결국, 중독자가 인식의 전환을 통해 과거의 자신을 인정하는 것은 중독자가 자신의 새로운 삶을 위해 무엇을 할 수 있고, 해야 하는지에 대해 스스로 답하는 과정입니다. 이러한 과정에서 치유가 이루어지며, 중독자는 중독에서 벗어나게 됩니다.

전경숙 지음, 《NLP의 기본과 원리》, 학지사, 2012.

하나의학사 편집부, 《새 심리치료 개론》, 하나의학사, 1996.

전경숙 지음, 《마음의 세계》, 중앙적성출판사, 1995.

전경숙 지음, 《NLP 심리치료》, 학지사, 1998.

전경숙 지음, 《정신. 신체 치유심리》, 민지사, 2003.

R. Dilts 외 2인 지음, 전경숙, 박정자 공역, 《신념의 기적》, 학지사, 2006.

Richard Churches, Roger Terry 지음, 김광열, 조석제 옮김, 《선생님을 위한 NLP》, 시그마프레스, 2018.

Robert Dilts 외 2인 지음, 전경숙, 조석제 외 8인 공역, 《NLP 넥스트 제너레이션》, 학지사, 2019.

이성엽 지음, 《변화와 성장을 위한 NLP의 원리 1》, 박영스토리, 2021.

김주환 지음, 《내면소통》, 인플루엔셜, 2023.

강웅구 지음, 《정신병리학》, 서울대학교출판문화원, 2021.

제임스 굿윈 지음, 박세연 옮김, 《건강의 뇌과학》, 현대지성, 2022.

이영분외 4인 지음, 《사례로 배우는 가족상담》, 학지사, 2020.

전홍진 지음, 《매우 예민한 사람들을 위한 책》, 글항아리, 2020.

이성엽 외 9인 지음, 권병희 옮김, 《NLP로 신념 체계 바꾸기》, 학지사, 2019.

롭 보디스 지음, 민지현 옮김, 《감정의 역사》, 진성북스, 2019.

Allen C. lsrael 외 2인 지음, 정명숙 외 2인 옮김, 《아동 · 청소년 이상심

　　리학》, 시그마프레스, 2022.

이후경 지음, 《변화의 신》, 좋은땅, 2014.

리처드 밴들러, 존 그린더 지음, 박의순 외 3인 옮김, 《NLP 그 마법의 구조 1, 2》, 시그마프레스, 2013.

시바겐다 외 2인 지음, 황혜숙 옮김, 《프로가 가르쳐주는 초보를 위한 NLP 입문》, 시그마북스, 2013.

브라이언 트레이시 지음, 홍성화 옮김, 《성취심리》, 씨앗을 뿌리는 사람, 2003.

한성희 지음, 《딸에게 보내는 심리학 편지》, 갤리온, 2013.

엔서니 라빈스 지음, 이우성 옮김, 《네 안에 잠든 거인을 깨워라》, 씨앗을 뿌리는 사람, 2002.

설기문 지음, 《자기혁신을 위한 NLP 파워》, 학지사, 2003.

설기문 지음, 《시간선 치료》, 학지사, 2007.

고병인 지음, 《중독자 가정의 가족치료》, 학지사, 2003.

박진희 지음, 《성공을 코칭하라》, 건강다이제스트사, 2007.

박경애 지음, 《인지 정서 행동치료》, 학지사, 1997.

이원영, 유철기 지음, 《새로운 자기창조 NLP》, 성공이야기, 2017.

편집부 지음, 《수치심 치유 워크북》, 한국상담심리연구원, 2013.

김홍찬 지음, 《내면의 아이 치유코칭》, 한국상담심리연구원, 2012.

John Brabshaw 지음, 김홍찬, 이경애 옮김, 《창조적인 사랑), 한국기독교상담연구원, 2006.

김현재 외, 《NLP 교육연구》, NLP 교육실천학회, 2004.

Andreas Connirae, 《Heart of the Mind》, 1989.

Robert Dilts, 《Modeling with NLP》, 1998.

Robert Dilts, 《Changing Belief Systems with NLP》, 2001.

Bandler, 《Solution.Future Pace》, 1985.

Bandler, 《Magic in Action》, 1992.

다치지 않고 행복할 권리

소통의 심리학 NLP

2023년 11월 20일 제1판 1쇄 발행

지은이 / 조석제
펴낸이 / 강선희
펴낸곳 / 가림출판사

등록 / 1992. 10. 6. 제 4-191호
주소 / 서울시 광진구 영화사로 83-1 영진빌딩 5층
대표전화 / 02-458-6451 팩스 / 02-458-6450
홈페이지 / www.galim.co.kr
이메일 / galim@galim.co.kr

값18,000원

ⓒ 조석제, 2023

ISBN 978-89-7895-438-9-03180